Beyer
Arbeitszeitflexibilisierung

Betriebliche Arbeitszeitflexibilisierung
zwischen
Utopie und Realität

von
Privatdozent Dr. Dr. habil. Horst-Tilo Beyer

Verlag Franz Vahlen München

CIP-Kurztitelaufnahme der Deutschen Bibliothek

Beyer, Horst-Tilo:
Betriebliche Arbeitszeitflexibilisierung : zwischen Utopie u. Realität / von Horst-Tilo Beyer. – München : Vahlen, 1986.
ISBN 3 8006 1177 5

ISBN 3 8006 1177 5

© 1986 Verlag Franz Vahlen, München
Graphiken: Hans Georg Müller, München
Satz und Druck der C. H. Beck'schen Buchdruckerei, Nördlingen

Vorwort

Die dem Menschen auf dieser Welt verfügbare Zeit ist knapp; die Älteren ahnen dies eher als die Jugend. Mit knappen Gütern aber muß man sorgfältig, sparsam und überlegt umgehen.

Arbeitszeitflexibilisierung kommt dem entgegen: Sie ist ein Aufbruch zu neuen Ufern mit einem bißchen mehr Freiheit und Zufriedenheit für Arbeitnehmer, Betrieb und Gesellschaft. Zeitlich flexibel zu sein heißt, produktiver als bisher zu arbeiten und die Zukunft mit zufriedenen Mitarbeitern besser zu bewältigen.

Zeitlich flexible Arbeit ist jedoch nur dann human und effizient, wenn sie schöpferisch gestaltet wird: Nur die innovative, nicht die pauschal und kollektiv verordnete Flexibilisierung entspricht betrieblichen wie menschlichen Bedürfnissen. Nur sie eröffnet Entscheidungsspielräume, die unbedingt notwendig sind, um unterschiedliche Wünsche und Interessen erfolgreich aufeinander abzustimmen. Nur der innovativen Flexibilisierung gehört daher die Zukunft. Nur sie ist ein Schritt auf dem Weg zu einer humanen Effizienz. Alles andere ist Utopie, auch der Wunsch nach unbegrenzter Zeitautonomie.

Dieses kleine Buch mit seinem Lexikon zur Arbeitszeitflexibilisierung (für Leser ohne Vorkenntnisse) soll ein wenig dazu beitragen, zwischen utopischen und realen Möglichkeiten und Chancen einer ebenso fruchtbaren wie faszinierenden Idee zu unterscheiden.

Das Manuskript hat Frau *Birgit Kröger* zuverlässig, sorgfältig und geduldig geschrieben, während Frau *Helga Hammelsbacher* und Herr *Christian Schneider* gründlich kollationierten. Ihnen danke ich für ihre Hilfe sehr herzlich, ebenso dem Verlag Franz Vahlen für die umsichtige Betreuung.

Nürnberg, im Frühjahr 1986   *Horst-Tilo Beyer*

Inhaltsverzeichnis

Vorwort V

Abbildungsverzeichnis IX

A. Flexibilisierung als humane Effizienz 1

B. Möglichkeiten der Flexibilisierung 2
   I. Flexible Vollzeitarbeit oder Arbeitszeitverlängerung 2
   II. Flexible Teilzeitarbeit 3
      a) Konventionelle Teilzeitarbeit 4
      b) Blockteilzeitarbeit und Blockfreizeit 4
      c) Arbeitsanfallorientierte Teilzeitarbeit 5
      d) Arbeitsplatzteilung 5
      e) Langzeiturlaub (Sabbatical) 6
   III. Innovative Arbeitszeitflexibilisierung 6
      a) Kreativer Gehalt 6
      b) Ausprägungen 8

C. Flexibilität der neuen Arbeitszeitregelungen 11
   I. Flexibler Gehalt 11
   II. Umsetzungsprobleme und Kompensationsstrategien 12

D. Auswirkungen der Flexibilisierung 15
   I. Auswirkungen auf den Betrieb 15
      a) Positive Einflüsse 16
      b) Negative Einflüsse 17
      c) Zwischenbilanz 19
   II. Auswirkungen auf Gesellschaft und Arbeitnehmer 19
      a) Gesellschaftliche Konsequenzen 20
      b) Arbeitshumanisierung und Arbeitszufriedenheit 21
      c) Arbeitsintensivierung und Freizeitnutzen 26
      d) Biorhythmus 28
      e) Gruppenkonflikte 31
   III. Haltung der Gewerkschaften und Betriebsräte 31
      a) Gewerkschaften 31
      b) Betriebsräte 34

E. Koordination der Flexibilisierung ... 36

    I. Koordinierende Interessenabwägung ... 36
    II. Unmittelbare Koordination ... 37
    III. Mittelbare Koordination ... 37

F. Restriktionen bei der Flexibilisierung ... 40

    I. Betriebliche Restriktionen ... 40
    II. Arbeitsmarktrestriktionen ... 42
    III. Politisch-rechtliche Restriktionen ... 43

G. Perspektiven der Flexibilisierung ... 48

    I. Mitarbeiterinteressen ... 48
    II. Behinderungsstrategien ... 50
        a) Kompetenzausweitung ... 51
        b) Kündigungsschutz ... 52
        c) Sozialversicherungsschutz ... 53

H. Fazit: Drei Thesen zur Flexibilisierung ... 56

Literaturverzeichnis ... 59

Lexikon zur Arbeitszeitflexibilisierung ... 65

Stichwortverzeichnis ... 113

Abbildungsverzeichnis

Abb. 1: Gestaltungsformen flexibler Arbeitszeiten 3
Abb. 2: Innovative Arbeitszeitflexibilisierung 7
Abb. 3: Arbeitszeiten der Angestellten der Landert Motoren AG in Bülach bei Zürich (1984) 9
Abb. 4: Umsetzung des Tarifvertrages der Metallindustrie (1984) in der Mannesmann Demag Kunststofftechnik, Zweigniederlassung Schwaig ... 13
Abb. 5: Erfahrungen mit der Arbeitszeitflexibilisierung bei Banken, Versicherungen, Gas- und Elektrizitätswerken (Verwaltungspersonal) in den Vereinigten Staaten 18
Abb. 6: Vereinfachte Wirkungszusammenhänge zwischen Arbeitszeitflexibilisierung und Arbeitsverhalten........................... 22
Abb. 7: Veränderung der Arbeitszufriedenheit von Bürokräften (Banken, Versicherungen, Gas- und Elektrizitätswerke) in den Vereinigten Staaten nach Einführung flexibler Arbeitszeiten................ 23
Abb. 8: Steuerliche Wirkungen der Teilzeitarbeit 25
Abb. 9: Rollen- und Loyalitätskonflikte des Betriebsrats bei der Arbeitszeitflexibilisierung.. 35
Abb. 10. Koordinationsinstrumente flexibler Arbeitszeitgestaltung 38
Abb. 11. Potentielle Teilbarkeit von Arbeitsplätzen in der Siemens AG 41
Abb. 12: Kritische Schwellen bei der Arbeitszeitflexibilisierung (Auswahl) 45
Abb. 13: Stellenwert der Arbeitszeit für den Arbeitnehmer im Vergleich zu anderen betriebs- und aufgabenspezifischen Aspekten 50

A. Flexibilisierung als humane Effizienz

Der innovativen Arbeitszeitflexibilisierung gehört die Zukunft. Wer dies nicht erkennt, hat kein Gespür für den gesellschaftlichen Wandel, die veränderten Interessen der Arbeitnehmer, die technische Entwicklung hin zu modernen Kommunikationssystemen und andere Strömungen unserer Zeit. Zugleich verzichtet er auf die wesentlichen menschlichen wie ökonomischen Vorteile flexibel gestalteter Arbeitszeiten, geht also nicht mit auf dem Weg zu einer ,,humanen Effizienz".

Die vielfältigen Vorzüge individueller Arbeitszeiten für Betrieb, Arbeitnehmer und Gesellschaft sind seit langem bekannt. Es bedurfte also nicht erst der unerfreulichen Auseinandersetzungen um die Fünfunddreißigstundenwoche und der verhängnisvollen Arbeitszeitvereinbarungen von 1984, um dies zu erkennen. Seit jeher zeigen Beschäftigte wie Arbeitslose deutliche Präferenzen für individuelle Arbeitszeiten und schon lange gelten diese als erfolgreicher Schritt hin zu einem personellen Gleichgewicht im Betrieb.

Auch arbeiten in- und ausländische Unternehmen, denen die Vorzüge der Flexibilisierung bewußt sind, seit vielen Jahren recht erfolgreich mit betrieblich wie individuell differenzierenden Arbeitszeitmodellen und schon lange plädieren Arbeitsmediziner wie Gerontologen bei stark beanspruchten, kranken und älteren Menschen für flexible Teilzeitarbeit.

Wenn neuerdings sogar die Frage aufgeworfen wird, ob Mitarbeiter, die ihre Arbeitszeit im Betrieb relativ autonom festlegen können, damit nicht zugleich eine typische Arbeitnehmereigenschaft verlieren,[1] ist dies nur eine logische Folge dieser Entwicklung hin zu mehr Freiheit am Arbeitsplatz. Ebensowenig vermag zu überraschen, daß bei den oft zu einseitig dargestellten positiven Erfahrungen die Zukunftschancen individualisierter Arbeit, ihre Voraussetzungen, Folgen und Grenzen nicht immer richtig erkannt werden.

---

[1] *Reuter* (1981), S. 201f.

B. Möglichkeiten der Flexibilisierung

Es mag an der Vielfalt der verwendeten Begriffe liegen, daß die Materie der Flexibilisierung so unübersichtlich erscheint. Und doch ist es möglich, alle Varianten drei Grundmodellen zuzuordnen:

- der flexiblen Vollzeitarbeit oder Arbeitszeitverlängerung,
- der flexiblen Teilzeitarbeit und
- der innovativen Flexibilisierung (vgl. *Abb. 1*).

I. Flexible Vollzeitarbeit oder Arbeitszeitverlängerung

Wenn die tariflich vereinbarte Dauer der Arbeitszeit überwiegend konstant bleibt, während ihre Lage variabel ist, liegt flexibel gestaltete Vollzeitarbeit vor: Die Regelarbeitszeit wird hier gleichmäßig oder ungleichmäßig auf den Bezugszeitraum (Tag, Woche, Monat, Jahr) verteilt.

Sowohl als Tages- oder (seltener) Wochengleitzeit wie auch als konventionelle Schichtarbeit hat sich diese Grundvariante flexibler Arbeit in der Praxis seit langem bewährt. Seltener finden wir dagegen individuelle Tauschsysteme (Tauschbörse), wie sie in einer britischen Konservenfabrik und einer deutschen Kunststoffspritzerei bei der Mehrschichtarbeit eingeführt wurden: Hier können alle Schichtarbeiter gleicher Qualifikationsgruppen ihre Schichtverpflichtungen (einzelne Stunden oder komplette Schichten) untereinander tauschen; im britischen Modell ist sogar ein gleitender Schichtwechsel (Gleitzeitschichtmodell mit Tauschbörse) möglich.[1] Die *AGFA-GEVAERT AG,* Fototechnik München, hat ein solches Gleitzeitschichtmodell inzwischen mehrere Jahre mit einigen hundert Mitarbeitern im Zwei- und Dreischichtbetrieb erfolgreich erprobt.[2]

Zur flexiblen Vollzeitarbeit gehören weiterhin Sonderformen der Flexibilisierung wie die Vier- oder Sechstagewoche mit einer Tagesarbeitszeit von zehn bzw. 6,5 Stunden und der Langzeiturlaub (Sabbatical) mit Zeitbank (Ansparverfahren).

Viel beachtet werden neuerdings auch Jahresarbeitszeitverträge, in denen die Arbeitszeitsumme im voraus festgelegt wird. Diese Jahresarbeitszeitsumme läßt sich dann arbeitsanfallorientiert bei gleichbleibendem Monatsentgelt und unter Berücksichtigung von Zeitreserven auf das Jahr verteilen.

---

[1] *Knauth/Ernst/Schwarzenau/Rutenfranz* (1981), S. 1 ff., *Teriet,* Schichtarbeit (1977), S. 178 ff.
[2] *Grassl/Hindelang,* Schichtarbeit (1984), S. 97 f.

Abb. 1: Gestaltungsformen flexibler Arbeitszeiten

Flexible Vollzeitarbeit • flexible Lage • konstante Dauer **Flexible Arbeitszeitverlängerung** • flexible Lage • flexible Dauer		• Gleitzeit • Konventionelle Schichtarbeit • „Variable Jahresarbeitszeit"

**Flexible Teil-
zeitarbeit**
 	
• konstante oder
  flexible Lage
 	
• flexible Dauer
	Konventionelle
	Teilzeitarbeit
		• Tagesteilzeitarbeit (Halbtagsstellen,
		  Sechsstundentag)
		• Teilzeitschichten (vormittags, nachmittags,
		  Hausfrauenschichten)
		• Aushilfsstellen
		• Flexible Altersgrenze
		• Gleitende Pensionierung

	Blockteilzeitarbeit
	und Blockfreizeit
		• Wochenteilzeitarbeit (Drei-, Viertage-
		  woche, Wochenendarbeit)
		• Monatsteilzeitarbeit (Halb-, Dreiviertel-
		  monat)
		• Jahresteilzeitarbeit (Neunmonatsarbeit)

	Arbeitsanfallorientierte
	Teilzeitarbeit
		• Halbjährlich oder jährlich vereinbartes
		  Arbeitsdeputat mit Abruf entsprechend
		  dem Arbeitsanfall

	Arbeitsplatzteilung	• Job splitting • Ausbildungsplatzteilung
	Langzeiturlaub (Sabbatical)	• Zusatzurlaub • Freiwilliges Unterbrechungsjahr • Pensionsurlaub

Innovative Arbeitszeitflexibilisierung
• mehrere dauer-/oder lagebezogene
  Flexibilitätsmerkmale
  und/oder
• hoher dauer- und lagebezogener Flexibili-
  tätsgrad
  und
• Dispositionsspielraum der Koalitions-
  partner
		• Teilzeit à la carte
		• Flexible Jahresarbeitszeitverträge
		• Flexible Schichtarbeit
		• Gleitende Pensionierung mit Lebens-
		  arbeitszeitverlängerung
		• Job pairing
		• Zeitautonome Arbeitsgruppen
		• Telearbeit
		• Cafeteria-Systeme

Einen solchen Jahresarbeitszeitvertrag auf der Basis von 2008 Stunden bei 38,5 Wochenstunden und neun bezahlten Freischichten hat das *Volkswagenwerk* 1984 in seinem Haustarifvertrag mit der *IG Metall* abgeschlossen. Die zusätzlich im Tarifvertrag verankerte Öffnungsklausel für „variable Jahresarbeitszeiten" ermöglicht es darüber hinaus, Samstagsarbeit einzuführen, die durch Freischichten abgegolten wird. Sofern mit der Sonnabendschicht jedoch die Produktion erhöht wird, was nach dem Haustarif des *Volkswagenwerkes* ebenfalls möglich ist, statt Freischichten also ein finanzieller Ausgleich erfolgt, liegt zugleich eine Jahresarbeitszeitverlängerung (flexible Lage und Dauer) vor. Die Anlagenwartung wird dann auf den Sonntag verlegt, was der Zustimmung von Arbeitnehmern und Gewerbeaufsicht bedarf.[3]

II. Flexible Teilzeitarbeit

Von flexibler Arbeit wird weiterhin immer dann gesprochen, wenn die Regelarbeitszeiten des Bezugszeitraumes (Tages-, Wochen-, Jahres- oder Lebensarbeitszeiten)

---

[3] *Kugland* (1984).

freiwillig und dauerhaft deutlich verkürzt werden. Die Lage der Arbeitszeit bleibt hierbei konstant oder weicht von der üblichen Anordnung ab; die Betriebszeit bleibt unverändert oder wird verlängert.

a) Konventionelle Teilzeitarbeit

Wird pro Tag, Woche, Monat oder Jahr dauerhaft weniger als bisher gearbeitet oder sinkt die Lebensarbeitszeit, haben wir konventionelle Formen der Teilzeitarbeit vor uns:

Tagesteilzeitarbeit

Reduzierte Tagesarbeitszeit, zum Beispiel als befristete oder unbefristete Viertel- und Halbtagesstellen mit unveränderter Lage der Arbeitszeit, auf alle Wochentage verteilt oder als Teilzeitschichten mit konstanten oder wechselnden Schichtzeiten und Freischichten organisiert.

Wochen-, Monats-, Jahresteilzeitarbeit

Reduzierte Wochen-, Monats- oder Jahresarbeitszeit, beispielsweise als Halb- oder Dreiviertelwochenstellen bzw. Kurzarbeitswochen, Halb- oder Dreiviertelmonatsstellen, reduzierte Jahresarbeitszeit durch verlängerte Urlaubsdauer und Lohnreduktion *(Landert Motoren AG)*, Aushilfsstellen als befristete Saison- oder Jahresarbeitszeitverträge sowie verlängerte Tages- und Wochenarbeitszeiten mit erhöhtem Ferienanspruch *(Landert Motoren AG)*.

Alters- oder Lebensteilzeitarbeit

Reduzierte Lebensarbeitszeit in Form der flexiblen Altersgrenze oder gleitenden Pensionierung als Tages-, Wochen-, Monats- oder Jahresteilzeitarbeit (Chemie- und Zigarettenindustrie, *Siemens, Daimler Benz, Deutsche BP, Pieroth-Weinkellereien* u.a.).

b) Blockteilzeitarbeit und Blockfreizeit

Hier wird die Wochen-, Monats- oder Jahresarbeitszeit – eventuell auf der Grundlage von Jahresarbeitszeitverträgen – so reduziert, daß größere Freizeitblocks entstehen. Die Lage konzentriert sich auf

- bestimmte Tage (insbesondere das Wochenende) mit üblicher oder verlängerter Tagesarbeitszeit (Wochenteilzeitarbeit).

Zwölfstundenschichten (Chemische Industrie), Vierundzwanzigstunden-Wochenendschichtarbeit ausschließlich am Sonnabend und Sonntag *(Gambro Dialysatoren, General Tire & Rubber Company)* oder noch längere Schichten (Feuerwehr), Vierundzwanzigstunden-Woche mit verlängerten Wochenendschichten und zusätzlich einigen Stunden während der Woche (befristete Arbeitsverträge bei der *Polygram Record Service GmbH*), Achtundzwanzigstunden-Woche mit je zwölf Arbeitsstunden am Sonnabend und Sonntag und jeweils vierzehntägig vier weiteren Stunden während der Woche bei einer Vergütung, die fast der von vierzig Wochenstunden entspricht (bis Ende 1986 befristeter Modellversuch von *Beiersdorf*).[4]

- bestimmte Wochen oder Monate (Monats- oder Jahresteilzeitarbeit): Zum Beispiel als Viertagewoche, Halb- oder Neunmonatsarbeit oder Arbeit mit Pausenwochen (Chemische Industrie).[5]

c) Arbeitsanfallorientierte Teilzeitarbeit

Für den Bezugszeitraum von einem halben oder einem Jahr kann bei dieser Variante der Flexibilisierung ein bestimmtes Arbeitsdeputat in einem Halbjahres- oder Jahresarbeitszeitvertrag jeweils neu vereinbart werden. Entsprechend dem schwankenden Arbeitsanfall bzw. Personalbestand (Fehlzeiten) wird die Arbeitsleistung dann vom Betrieb kurzfristig abgerufen. Sofern der Personaleinsatz sich längerfristig vorausberechnen läßt, wie es sich insbesondere bei der datenverarbeitungsunterstützten Personaleinsatzplanung anbietet, kann der Abruf auch langfristig erfolgen. Die arbeitsanfallorientierte Teilzeitarbeit mit Jahresarbeitszeitverträgen läßt sich auch als Blockteilzeitarbeit mit Blockfreizeiten organisieren.

Bekannteste und umstrittenste Form dieser Teilzeitarbeit ist die „kapazitätsorientierte variable Arbeitszeit" („KAPOVAZ") im Dienstleistungsbereich, speziell im Einzelhandel. Im Ausland wird sie öfter eingesetzt als in Deutschland. So gibt beispielsweise die *Reemtsma AG* in der Schweiz die vom Produktionsplan abhängige Sollzeit pro Monat vor. Bei einer durchschnittlichen Wochenarbeitszeit von 43 Stunden variiert diese dann entsprechend dem saisonalen Absatzverlauf zwischen 7,5 (Tagesteilzeit) und 9,5 Stunden pro Tag (Tagesarbeitszeitverlängerung).[6]

d) Arbeitsplatzteilung

Bei dieser Variante flexibler Teilzeitarbeit werden Arbeitsplätze (Job sharing pool) zeitlich auf zwei oder mehrere Arbeitnehmer mit Einzelarbeitsverträgen aufgeteilt, wobei die Job-sharing-Partner die identischen Aufgaben unabhängig voneinander erledigen (Job splitting). Bei der Ausbildungsplatzteilung (Teilzeitarbeit von Berufsanfängern) werden vorhandene Ausbildungsplätze auf mehrere Berufsanfänger auf-

---

[4] *Mahler* (1985), S. 142f.; o.V. (15.10.1985), S. 15; o.V. (27.4.1984), S. 17; *Jungblut* (9.9.1983), S. 28f.
[5] *Bundesarbeitgeberverband Chemie e.V.* (1983), S. 30.
[6] Ebenda, S. 30.

geteilt, um deren Schwierigkeiten, nach abgeschlossener Lehre eine reguläre Beschäftigung zu finden, zu überbrücken *(Farbwerke Hoechst, Merck, BASF, Siemens, Mannesmann Röhrenwerke u.a.).*

e) Langzeiturlaub (Sabbatical)

Zu den Varianten des Langzeiturlaubs gehören der mit einer reduzierten Jahres- oder Lebensarbeitszeit einhergehende Zusatzurlaub *(Rolm Corporation, Nixdorf, Rank Xerox, Ciba-Geigy)*, das ,,freiwillige Unterbrechungsjahr" *(Klöckner-Humboldt-Deutz)*, der Sonderurlaub für ältere Mitarbeiter (Brauereien, Süßwarenindustrie, *Bertelsmann*),[7] Beurlaubungen bis zu sechs bzw. neun Jahren (Beamte, insbesondere Richter und Lehrer)[8] und der zusätzlich zum Jahresurlaub gewährte Pensionsurlaub (drei Monate für Arbeiter, sechs Monate für Angestellte, *Bayer AG*).[9]

III. Innovative Arbeitszeitflexibilisierung

Nahezu alle bisher dargestellten Formen der Voll- und Teilzeitarbeit werden in der Diskussion als flexible Modelle bezeichnet, obwohl ihre ,,Flexibilität" häufig nur in einer von der normalen Dauer und/oder Lage abweichenden Arbeitszeit besteht.

a) Kreativer Gehalt

Von schöpferischer Flexibilisierung, die einer Innovation im Sinne *Schumpeters* gleichkommt, wollen wir jedoch nur dann sprechen, wenn die Konzeption drei Kriterien genügt:

- Es liegen mehrere dauer- und/oder lagebezogene Flexibilitätsmerkmale vor, also zum Beispiel Arbeitszeitverkürzung (Dauer) in Verbindung mit Gleitzeit und der Möglichkeit, einen Zeitkredit aufzunehmen, Zeitguthaben anzusparen sowie eine Tauschbörse (Lage) zu nutzen.
- Es besteht ein hoher dauer- und lagebezogener Flexibilitätsgrad, indem zum Beispiel zwischen zwanzig und hundertzwanzig Prozent der Regelarbeitszeit (Dauer) sowie in bezug auf die Anordnung von Pausen, Urlaub und Schichten (Lage) differenziert werden kann oder Tages-, Wochen- und Monatsgleitzeit ohne oder mit sehr begrenzter Kernzeit verwirklicht sind.
- Arbeitnehmer und Betrieb können entsprechend ihrem spezifischen Bedarf und arbeitsmedizinischen Erfordernissen zwischen mehreren dieser Flexibilitätsmerkmale und Flexibilitätsgrade wählen.

---

[7] *Hentsch* (1982), S. 10.
[8] *Reumann* (15. 8.1984), S. 1f.
[9] o.V. (21. 5.1984), S. 16.

III. Innovative Arbeitszeitflexibilisierung

Nur wenn diese Kriterien erfüllt sind, Arbeitgeber wie Mitarbeiter also Dauer und Lage der Arbeitszeit innerhalb vorgegebener Optionen, d. h. relativ frei wählen und damit ihre spezifischen zeitlichen Bedürfnisse erfüllen können, sprechen wir von innovativ-flexiblen Arbeitszeiten. Nur hier ist gewährleistet, daß über eine koordinierende Abwägung der Interessen von Betrieb und Arbeitnehmern ein personelles Gleichgewicht[10] verwirklicht werden kann (vgl. *Abb. 2*).

Abb. 2: Innovative Arbeitszeitflexibilisierung

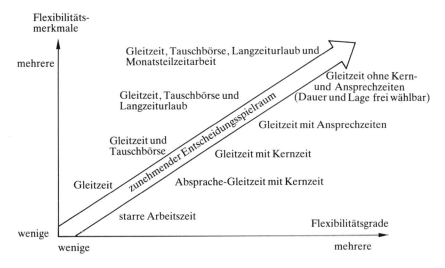

Die Arbeitszeit ist also innovativ flexibilisiert, wenn ihre Dauer und Lage bedürfnisgerecht gestaltet wurden und dabei ein Kompromiß zwischen umsatz- und produktionsbedingten betrieblichen Vorgaben, arbeitsmedizinischen Erfordernissen sowie autonom festgelegten individuellen Arbeitszeiten realisiert werden konnte.[11] Naturgemäß ist damit ausgeschlossen, daß ein Koalitionspartner einseitig zu Lasten des anderen bzw. ohne entsprechende Kompensationsleistungen begünstigt wird. Muß ein Arbeitnehmer zeitlich unbegrenzt verfügbar sein und wird er unabhängig von seinen individuellen Interessen ausschließlich entsprechend der Kundenfrequenz auf Abruf eingesetzt, ohne dafür zum Ausgleich eine für ihn lohnende Gegenleistung zu erhalten, führt dies ebensowenig zur humanen Effizienz wie ein unbegrenztes und gruppenunabhängiges Wahlrecht des Mitarbeiters hinsichtlich Lage und Dauer seiner Arbeitszeit.[12]

Erst die Differenzierung der Merkmale und Grade der Arbeitszeitgestaltung sowie deren disponible oder flexible Nutzung sind kreativ im Schumpeterschen Sinne, wo-

---

[10] *Beyer,* Kompensationsstrategien (1985), S. 75 f.; *Beyer* (1981), S. 126 ff. u. S. 227 ff.
[11] *Hoff,* Arbeitszeitgestaltung (1984), S. 58; *Gaugler* (1983), S. 334 ff.
[12] Vgl. hierzu auch *Fraunhofer-Institut für Arbeitswirtschaft und Organisation* (1985), S. 297 sowie *Hoff,* Arbeitszeitpolitik (1983), S. 249.

bei der innovative Gehalt mit den Wahlmöglichkeiten der Koalitionspartner und dem betrieblichen, persönlichen, arbeitsmedizinischen und gesellschaftlichen Nutzen der gewählten Modelle steigt (vgl. Abb. 2). Solche Dispositionen sind einmalig bzw. für einen längeren Zeitraum möglich. Sie können aber auch zu bestimmten Zeiten jeweils neu oder von Fall zu Fall – zum Beispiel zur kurzfristigen Abstimmung von Auftragslage und Bedürfnissen der Arbeitnehmer – getroffen werden.[13]

b) Ausprägungen

Ansatzpunkte solcher innovativ-flexiblen Arbeit sind im In- und Ausland bereits deutlich erkennbar. So arbeitet in Deutschland die *Beck-Feldmeier KG* in München mit einem Modell von Arbeitszeit-Bandbreiten, das es ermöglicht, im Zehnerschnitt zwischen sechzig Stunden und der Regelarbeitszeit von 160 Stunden pro Monat zu wählen sowie Zeitguthaben und Zeitschulden miteinander zu verrechnen.

Allerdings kann die Arbeitszeit nicht verlängert werden, wie in dem niederländischen Unternehmen, wo die Arbeitnehmer aus einem Baukastensystem mit vier über den Tag verteilten, unterschiedlich großen Zeitblöcken (zwei oder drei Stunden) zwischen acht und zwanzig Uhr eine Wochenarbeitszeit von fünfundzwanzig bis fünfundvierzig Stunden wählen können.[14] Die Belegschaft der *Landert Motoren AG* kann ihren Ferienanspruch durch Verlängerung der Tages- und Wochenarbeitszeit und/oder Lohnreduktion erhöhen, die Wochenarbeitszeit beliebig zwischen zweiundvierzig und zehn Stunden (ohne Lohnausgleich) reduzieren bzw. auf 44 Wochenstunden verlängern, in Gleitzeit arbeiten (Gleitzeitsaldo von fünfzehn Stunden) und den gleitenden Ruhestand wählen[15] (vgl. Abb. 3).

Ähnliche mehr oder weniger flexible Bandbreitenmodelle werden zur Zeit bei dem mittelständischen Elektronikunternehmen *Rafi* in Ravensburg praktiziert (vier bis sechs Stunden Arbeitszeit pro Tag, Drei- oder Viertagewoche, Gleitzeit), ebenso bei der *Interflex Datensysteme GmbH* in Stuttgart (individuelle Wahl der Jahresarbeitszeit mit fünfzig bis achtzig Prozent der Regelarbeitszeit, Tages- oder Wochenarbeitszeitverkürzung, Gleitzeit mit „Ansprechzeiten" und – in Ausnahmefällen – hohem Gleitsaldo). Innovativ sind auch die Modelle der *Heraeus GmbH* in Hanau (vier bis sechs Stunden Arbeitszeit pro Tag, Drei- oder Viertagewoche, zwei bis vier Wochen pro Monat, zusätzliche freie Tage im Monat), der *BASF AG* mit mehr als fünfzig individuellen Arbeitszeitvarianten und der *Cannstatter Volksbank* (Ein-, Zwei-, Dreitagewoche mit Job sharing, Gleitzeit mit „Ansprechzeiten", fehlender Anwesenheitsverpflichtung zu bestimmten Tageszeiten oder Wochentagen).[16] Innovativ ist weiterhin das System der *Gambro Dialysatoren KG* in Hechingen (verkürzte Dauernachtschicht, 24-Stunden-Wochenarbeit und freiwillige Vertretungsmöglichkeit während der Woche, Gleitzeit ohne Kernzeit, Job sharing mit nur teilweiser Vertretungspflicht).

Als innovative Arbeit mit dem bisher größten zeitlichen Handlungsspielraum für die Arbeitnehmer sind die Telearbeit (*Rank Xerox* und *IBM* für Sachbearbeiter, Pro-

---

[13] *Bundesarbeitgeberverband Chemie e. V.* (1983), S. 10.
[14] *Jungblut* (9. 9.1983), S. 27 f.; *Rosette* (1981), S. 111 ff.
[15] *Landert Motoren AG* (1984); vgl. auch *Desiderato* (1985).
[16] o.V. (16. 2.1984), S. 17 und (23. 3.1984), S. 18; o.V., Schema (1984), S. 115 ff.; *Haller* (1983), S. 323 f.

Abb. 3: Arbeitszeiten der Angestellten der *Landert Motoren AG* in Bülach bei Zürich (1984)

	Reduzierte Arbeitszeit										42-Std.-Woche bei tarifl. Ferienanspruch		Zusätzliche Ferienwoche(n)					
	weniger als 21 W-Std.		22-25 W-Std.		26-30 W-Std.		31-35 W-Std.		36-41 W-Std.				42 W-Std., Lohn-redukt.		43/44 W-Std.		43/44 W-Std. plus Lohnr.	
Alter	M	F	M	F	M	F	M	F	M	F	M	F	M	F	M	F	M	F
bis 20											1				5	1		
21-30			1	3		2		2		4	4	1	1		59	11	2	
31-40				2		6	5	1	1	4	2	1	1		65	6	2	
41-50				3		2		1	6	1	3	1	1	1	41	10	3	
51-60		1		2				4	1	3	4	1	1		38	8		
61-65		3				1		1			3	1	1		15	1	1	
total		9	1	13		12	5	10	6	7	15	4	4	1	223	37	8	

Von insgesamt 355 Mitarbeitern sind 262 Männer (M) und 93 Frauen (F). Davon haben sich 223 dafür entschieden, 43 oder 44 Stunden pro Woche zu arbeiten und dafür ein bis zwei Wochen länger Urlaub zu nehmen. Insgesamt 8 Männer arbeiten zwar ebenfalls 43 oder 44 Stunden, sichern sich aber noch zusätzliche Urlaubswochen durch Lohnreduktion. 5 Arbeitnehmer blieben bei der tariflichen 42-Stunden-Woche, erwarben jedoch einen zusätzlichen Urlaubsanspruch durch eine Senkung des Lohnes um 2,3 Prozent für jede zusätzlich gewünschte Ferienwoche. 51 Frauen und 12 Männer beantragten eine Arbeitszeit unterhalb der im Tarifvertrag festgelegten Regelarbeitszeit.

Quelle: *Landert Motoren AG* (1984).

grammierer und Schreibkräfte) sowie die zeitautonomen Arbeitsgruppen der *Cannstatter Volksbank* anzusehen.[17] Gleiches gilt für die (kreativ gestaltete) Partner-Teilzeitarbeit, bei der eine beliebige zeitliche Aufteilung entsprechend den Bedürfnissen von Betrieb (bzw. Arbeitsaufgabe) und Teilzeitpartnern möglich ist *(Otto-Versand, Beck-Feldmeier KG, Sandoz)* sowie alle Cafeteria-Systeme der Vereinigten Staaten.

Auch die Schichtarbeit kann flexibel gestaltet werden und gerade hier ist die innovative Flexibilisierung unter humanen Aspekten notwendiger denn je. Im kontinuierlichen Wechselschichtbetrieb lassen sich zum Beispiel folgende Flexibilitätsmerkmale kombinieren:

- Verkürzung der Nachtschichten auf maximal sechs bis sieben Stunden, um die Belastungsdauer zu vermindern; verlängerte Früh- und Spätschichten als Ausgleich.
- Gleitzeit,[18] in die bei den Früh- und Spätschichten auch Teilzeitkräfte einbezogen werden können. Sofern die Maschinen nicht oder nur kurzfristig unbeaufsichtigt bleiben dürfen, wie das beispielsweise für Halbautomaten (keine automatische Entsorgung) in der Kunststoffspritzerei gilt, und stets mindestens zweifach zu besetzen sind, empfiehlt sich Absprache-Gleitzeit. Besetzungslücken lassen sich aber auch durch versetzte Arbeitszeiten vermeiden, sofern eine Gruppenaufteilung

---

[17] *Tippmann* (1984), S. 236f.; *Derschka/Gottschall* (1984).
[18] Vgl. z.B. das Gleitzeitmodell für den Dreischichtbetrieb in einer Kunststoffspritzerei von *Kohl* und *Schanzenbach* (1984), S. 36, in Anlehnung an *Risse*.

technisch zu verwirklichen ist. Kernzeitgleiten und Tauschbörsen erleichtern die Schichtarbeit zusätzlich.
- Günstige Schichtfolgen und Schichtwechselzeiten, eine kurze Schichtwechselperiodik und Schichtzyklusdauer beeinflussen Leistung, Gesundheit, Familienleben und Freizeit sowie Arbeits- und Lebenszufriedenheit der Schichtarbeiter ebenfalls positiv.

C. Flexibilität der neuen Arbeitszeitregelungen

Die bisher dargestellten Ausprägungen innovativer Arbeitszeitflexibilisierung im In- und Ausland gäben eine gute Grundlage für zukünftige Tarifvereinbarungen. Bei den Arbeitszeitregelungen von 1984 und 1985 hat man allerdings die Chance, das Arbeitsleben humaner und effizienter zu gestalten, gründlich verpaßt. Neben den erheblichen Umsetzungsproblemen ist der fehlende innovative Gehalt geradezu ein Charakteristikum der neuen Vereinbarungen, wie sie beispielsweise in der Metall- und Druckindustrie sowie im Handwerk zustande kamen.

I. Flexibler Gehalt

Der flexible Gehalt der neuen Arbeitszeitregelung in der Metallindustrie besteht darin, daß trotz einer betrieblichen Wochenarbeitszeit von 38,5 Stunden

- die individuelle vertragliche Arbeitszeit zwischen siebenunddreißig und vierzig Wochenstunden liegen kann und
- die individuelle tatsächliche Arbeitszeit ungleich auf Tage und Wochen verteilt werden darf, sofern nur im Zweimonatsdurchschnitt die individuelle regelmäßige Wochenarbeitszeit eingehalten wird. Erweist es sich als betrieblich notwendig, kann also beispielsweise bei einer individuellen Vertragsarbeitszeit von vierzig Wochenstunden vier Wochen lang achtundvierzig Stunden (ohne Mehrarbeitszuschläge) und weitere vier Wochen nur zweiunddreißig Stunden gearbeitet werden.

Zwar weist somit auch die neue Arbeitszeitregelung flexible Elemente auf. Doch sind diese so bescheiden, daß von einer innovativen Gestaltung keine Rede sein kann. Die neuen Arbeitszeitvereinbarungen im Handwerk (1985) sind sogar noch restriktiver, da hier die Arbeitszeit zwar ebenfalls zwischen 37 und 40 Stunden variieren kann (Dreimonatsausgleich). Doch gilt diese Regelung nur für ganze Betriebe, nicht mehr für einzelne Arbeitnehmer.

Verfolgt man die Vorgeschichte dieser neuen Arbeitszeitvereinbarungen, vermag der fehlende kreative Gehalt allerdings nicht zu überraschen: Da es den Gewerkschaften gelungen war, entgegen dem Willen vieler Arbeitnehmer die Arbeitszeit zu verkürzen, bemühten sich die Arbeitgeber um eine entsprechende Kompensation des Kapazitätsausfalls und der Kostensteigerungen.[1] Für Humanisierungsüberlegungen blieb dann nur noch wenig Spielraum. So ist die individuelle vertragliche Wochenarbeitszeit denn auch primär entsprechend den „betrieblichen Bedürfnissen" zu regeln,

---
[1] *Beyer*, Kompensationsstrategien (1985).

während die Wünsche der Mitarbeiter im Vertrag bezeichnenderweise überhaupt nicht erwähnt werden. Weder Arbeitgeber noch Gewerkschaften scheinen das beanstandet zu haben.

Die Konsequenzen der neuen Arbeitszeitregelung sind somit eher fortschrittshemmend denn innovativ, wie sich am Beispiel des Jahresarbeitszeitvertrags zeigen läßt. So erlauben die Tarifverträge der Metall- wie der Druck- und Papierindustrie keinen Abschluß von Verträgen, in denen die in einem Jahr insgesamt zu leistenden Arbeitsstunden festgelegt und arbeitsanfallorientiert auf das Jahr verteilt werden. Auch ein für Betrieb wie Arbeitnehmer so attraktives Modell, wie es vom Sportmodehaus *Willy Bogner* eingeführt wurde, und viele der eingangs als kreativ bezeichneten Flexibilisierungsmöglichkeiten sind schwer zu verwirklichen.

II. Umsetzungsprobleme und Kompensationsstrategien

Den neuen Arbeitszeitregelungen fehlt nicht nur jede innovative Kraft. Vielmehr ergeben sich bei ihrer Umsetzung in die betriebliche Praxis auch vielfältige Schwierigkeiten.

(1) Entgegen dem Gedanken der Tarifverträge versuchten die Gewerkschaften eine schematische Verkürzung der täglichen Arbeitszeit um achtzehn Minuten bzw. am Freitag um 1,5 Stunden durchzusetzen und die Arbeitnehmervertreter entsprechend zu beeinflussen, wie ihr eigens hierfür herausgegebenes Schulungsmaterial für Betriebsräte zeigt. Hier ist *Hacker* zuzustimmen, wenn er die Umsetzung der Tarifverträge von 1984 zugleich als erste Nagelprobe der Wirkung des Betriebsverfassungsgesetzes auf die Flexibilisierung bezeichnet.[2] Und die Antwort kam schneller als erwartet: Die bisher vorliegenden Betriebsvereinbarungen lassen zweifelsfrei erkennen, daß die ohnehin nur begrenzt mögliche Flexibilisierung nicht gelungen ist. Die Vorstellungen der Schlichter werden im Prinzip von Betriebsräten, Gewerkschaften und Einigungsstellen nicht akzeptiert und realisiert. Aus Sicht der Gewerkschaften sieht das dann so aus: ,,Zum einen hat sich das ‚Flexifieber' der Arbeitgeber nach den praktischen Erfahrungen mit der Flexikomponente in den neuen Tarifverträgen doch zumindest abgekühlt. Zum zweiten scheint die Umsetzungsphase der 38,5-Stundenwoche tatsächlich eine neue Qualität der Verschränkung gewerkschaftlicher Betriebs- und Tarifpolitik eingeleitet zu haben . . .".[3]

Nach einer *Gesamtmetall*-Umfrage bei fünftausend Betrieben mit über zwei Millionen Beschäftigten haben nur siebzehn Prozent der Unternehmen die Möglichkeit, die individuelle vertragliche Arbeitszeit zwischen siebenunddreißig und vierzig Wochenstunden zu differenzieren, genutzt. Nur fünfzehn Prozent der Betriebe haben die Wochenarbeitszeit im Zweimonatszeitraum ungleichmäßig verteilt.[4]

---

[2] *Hacker* (1. 3.1985), S. 4.
[3] *Kurz-Scherf* (1985), 9, S. 528.
[4] o. V. (16. 10.1985), S. 13.

II. Umsetzungsprobleme und Kompensationsstrategien

(2) Die Betriebe sind verpflichtet, genau die 38,5-Stunden-Woche im Durchschnitt einzuhalten. Werden also qualifizierte Mitarbeiter, die für den Betrieb nicht ersetzbar sind, und Arbeitskräfte an kapitalintensiven Arbeitsplätzen weiterhin vierzig Wochenstunden beschäftigt, müssen andere Belegschaftsgruppen entsprechend kürzer arbeiten (vorübergehend mit Lohnausgleich). Es überrascht daher nicht, daß die Unternehmen auch diesen bescheidenen Flexibilitätsspielraum kaum nutzen.

Eine Ausnahme bildet die *Mannesmann Demag Kunststofftechnik*, Zweigniederlassung Schwaig, die gegen den Widerstand von Betriebsrat und *IG Metall* eine aus unserer Sicht „miniflexible" Lösung durchgesetzt hat (vgl. *Abb. 4*). Gegen das Votum des Gewerkschaftsbeisitzers ersetzte hier die tarifliche Schlichtungsstelle für die bayerische Metallindustrie die erforderliche Zustimmung des Betriebsrats. Allerdings erhob die *IG Metall* Ende Februar 1985 gegen diesen Schiedsspruch Klage beim *Arbeitsgericht Nürnberg* mit der Begründung, die Schlichtungsstelle habe ihre Kompetenzen überschritten.

(3) Problematisch und kompliziert ist weiterhin die Verpflichtung, alle zwei Monate zu kontrollieren, ob das durchschnittliche Arbeitszeitvolumen von 38,5 Wochenstunden auch tatsächlich eingehalten wurde, ebenso die Regelung von Mehrarbeits- und anderen Zuschlägen.[5]

Wenn Tarifverträge die kreative Personalarbeit so stark behindern, wie es bei den neuen Arbeitszeitregelungen erkennbar wird, liegt es natürlich nahe, daß die Betriebe versuchen, diese Restriktionen wenigstens teilweise zu umgehen, indem sie beispielsweise verstärkt flexibel arbeitende Teilzeitkräfte, Teilzeitarbeiter unterhalb der Versicherungspflichtgrenze sowie Zeitarbeitnehmer einstellen oder Abrufverträge vereinbaren. Auch der Anstieg der Lohnkosten läßt sich ein wenig bremsen, indem bisher freiwillig bezahlte Ruhepausen teilweise oder ganz auf die in der verkürzten Arbeitszeit enthaltene Pause angerechnet werden.[6]

Abb. 4: Umsetzung des Tarifvertrages der Metallindustrie (1984) in der *Mannesmann Demag Kunststofftechnik*, Zweigniederlassung Schwaig

Bisher sind zwei Fälle bekannt geworden, in denen Metall-Unternehmen gegen den Widerstand von Betriebsrat und IG Metall eine Flexibilisierung der Arbeitszeit durchgesetzt haben, nämlich im Betrieb des baden-württembergischen Metallarbeitgeber-Präsidenten Hans-Peter Stihl und in der Zweigniederlassung Schwaig der Mannesmann Demag AG, deren Personalvorstand im Sommer zum Präsidenten des Arbeitgeberspitzenverbandes Gesamtmetall gewählt werden soll. Die im Fall Mannesmann Demag Kunststofftechnik von der tariflichen Schlichtungsstelle für die bayerische Metallindustrie unter Vorsitz von Dr. Martin Hess (Verwaltungsdirektor beim Landesarbeitsamt Nürnberg) beschlossene Betriebsvereinbarung – die Schlichtungsstelle ersetzte gegen das Votum des Gewerkschafts-Beisitzers die erforderliche Zustimmung des Betriebsrats – geht weiter als im Fall Stihl. Wir veröffentlichen diese Betriebsvereinbarung im Wortlaut. Zu der Betriebsvereinbarung gehört noch eine „Anlage 2", in der Lage und Verteilung der Arbeitszeit in den einzelnen Bereichen des Betriebs sowie die Pausen geregelt sind.

Die Redaktion

Zwischen der Mannesmann Demag Kunststofftechnik, Betrieb Schwaig, und dem Betriebsrat des Betriebes Mannesmann Demag Kunststofftechnik, Schwaig, wird in Vollzug der ab 1. April 1985 geltenden tariflichen Arbeitszeitbestimmungen nachfolgende Betriebsvereinbarung geschlossen:

I. Persönlicher Geltungsbereich

1. Diese Betriebsvereinbarung gilt für alle vollzeitbeschäftigten Arbeitnehmer im Sinne des Paragraphen 1 Ziffer 3 des Manteltarif-

---

[5] *Kugland* (1984), S. 328.
[6] *Ziepke,* Rechtsprobleme (1985), S. 286; ders., Anrechnung (1985), S. 287f.

vertrages (MTV) für die gewerblichen Arbeitnehmer beziehungsweise des Paragraphen 1 Ziffer 3 des MTV für die Angestellten der bayerischen Metallindustrie, mit Ausnahme der gewerblich, kaufmännisch und technisch Auszubildenden.

2. Nicht zu den Arbeitnehmern im Sinne von Absatz 1 gehören insbesondere
– teilzeitbeschäftigte Arbeitnehmer (Arbeitnehmer mit einer individuellen regelmäßigen wöchentlichen Arbeitszeit von weniger als 37 Stunden),
– Arbeiterkategorien, in deren Arbeitszeit regelmäßig und in erheblichem Umfang Arbeitsbereitschaft fällt (Paragraph 2 Ziffer 1 (2) MTV Arb.),
– Arbeitnehmer mit ruhendem Arbeitsverhältnis (zum Beispiel wegen Wehrdienst, Ersatzdienst oder Mutterschaftsurlaub).

II. Dauer und Lage der individuellen regelmäßigen wöchentlichen Arbeitszeit
1. Die wöchentliche Arbeitszeit ohne Pausen beträgt ab 1. April 1985 im Betriebsdurchschnitt 38,5 Stunden.
2. Die jeweilige Dauer der individuellen regelmäßigen wöchentlichen Arbeitszeit (Spanne zwischen 37 und 40 Stunden) für die Arbeitnehmer (Teile des Betriebes, Gruppen von Arbeitnehmern, einzelne Arbeitnehmer) ergibt sich aus der in Anlage 1 beigefügten Tabelle.
3. Die Lage und Verteilung der Arbeitszeit sowie die Pausen ergeben sich aus Anlage 2. Die Voraussetzungen für eine Ermittlung der unterschiedlichen Arbeitszeiten werden von den zuständigen Stellen unter Beachtung eventueller Mitbestimmungsrechte des Betriebsrates geschaffen (gegebenenfalls durch Einsatz von Zeiterfassungsgeräten).
4. Im Einzelfall können im Einvernehmen mit dem Betriebsrat von den in Ziffer 2 und 3 genannten Festsetzungen – auch kurzfristig – abweichende Regelungen getroffen werden.

III. Änderung der individuellen regelmäßigen wöchentlichen Arbeitszeit
1. Eine Änderung der Dauer der individuellen regelmäßigen wöchentlichen Arbeitszeit (II.2.) ist zwischen Arbeitgeber und Betriebsrat zu vereinbaren.
2. Der Arbeitgeber hat dem Betriebsrat die beabsichtigte Änderung mitzuteilen. Nach dieser Mitteilung sind unverzüglich Verhandlungen über eine Änderung aufzunehmen.

IV. Mitteilung an den Betriebsrat und Anpassung
1. Der Arbeitgeber teilt dem Betriebsrat bis zum 10. Arbeitstag eines jeden Monats die Zahl der im Vormonat beschäftigten Vollzeitarbeitnehmer (1.), aufgeschlüsselt nach der für sie jeweils geltenden individuellen regelmäßigen wöchentlichen Arbeitszeit, sowie den sich hieraus ergebenden Durchschnitt der Wochenarbeitszeit der Vollzeitbeschäftigten im Betrieb mit (Anlage 3).
2. Weicht der Durchschnittswert von 38,5 Stunden ab, so ist mit dem Betriebsrat eine Änderung zu vereinbaren, sofern nach übereinstimmender Auffassung von Arbeitgeber und Betriebsrat der Durchschnitt nicht ohnehin durch personelle Maßnahmen wieder erreicht wird.

V. Schlußbestimmungen
Diese Betriebsvereinbarung tritt am 1. April 1985 in Kraft. Sie kann mit einer Frist von sechs Monaten zum Monatsende, erstmals zum 31. Dezember 1986, gekündigt werden.
Die Festlegung der Dauer und Lage der individuellen regelmäßigen wöchentlichen Arbeitszeit für einzelne Arbeitnehmer, Gruppen von Arbeitnehmern und Teile des Betriebes kann jederzeit im Einvernehmen mit dem Betriebsrat geändert werden.
Frühere Betriebsvereinbarungen über die Festlegung der Arbeitszeit werden mit Ablauf des 31. März 1985 rechtsunwirksam, soweit sie von dieser Betriebsvereinbarung (Persönlicher Geltungsbereich, Abschnitt 1) erfaßt sind.

Arbeitszeitdifferenzierung in Schwaig				
Bereiche	37	38,5	40	Summe
Leitung/Technik/Qualitätssicherung	13	37	30	80
Verwaltung (Personal, Finanzen, Rechnungswesen etc.)	7	31	5	43
Vertrieb/Produktbereich Anlagen u. Systeme	6	65	6	77
Alle Funktionsbereiche (ohne Fertigung)	26	133	41	200
Mechanik	36	–	136	172
Montage	139	–	19	158
Werkleitung/Arbeitsvorbereitung/Materialwirtschaft etc.	29	38	28	95
Summe Fertigung	204	38	183	425
Summe Betrieb insgesamt	230 (37%)	171 (27%)	224 (36%)	625 (100%)

D. Auswirkungen der Flexibilisierung

Die Antwort auf die Frage, wie sich zeitlich flexible Arbeit auf Betrieb, Mitarbeiter und Gesellschaft auswirkt, ist für alle Beteiligten wesentlich. Man sollte sich jedoch vor übereilten Verallgemeinerungen hüten, zumal bisher nur wenige Erfahrungen vorliegen und häufig viel zu kurze Untersuchungszeiträume zugrunde gelegt, langfristige Veränderungen also nicht einbezogen wurden.[1] Denkbar, wenn auch bisher nur sehr begrenzt empirisch belegbar, sind folgende positive wie negative Konsequenzen, die teilweise sofort, teilweise nur zeitlich verzögert auftreten können.

I. Auswirkungen auf den Betrieb

Wir gehen davon aus, daß die Unternehmen langfristig ein dynamisches Gleichgewicht im betrieblichen, individuellen und gesellschaftlichen Bereich verwirklichen wollen.[2] Praktische Erfahrungen in Pionierunternehmen lassen vermuten, daß das erfolgswirtschaftliche betriebliche Gleichgewicht (Kosten/Leistungen, Aufwendungen/Erträge) durch innovativ-flexible Arbeitszeiten zumindest langfristig nicht oder nur unwesentlich beeinflußt wird. Zwar sind in flexibel arbeitenden Betrieben Mehrkosten in Höhe von etwa ein bis drei Prozent der Lohn- oder Gehaltssumme entstanden.[3] Doch wurden diese zusätzlichen Kosten durch besser ausgelastete Anlagen und höhere Arbeitsproduktivitäten wenigstens teilweise kompensiert. Empirische Untersuchungen[4] zeigen allerdings auch, daß sich konventionelle wie flexible Teilzeitarbeit vereinzelt und vor allem kurzfristig recht ungünstig auf Einarbeitungskosten, Leistungsqualität und Arbeitsmenge, Sachmittelkosten u. a. auswirken können. Das gilt vor allem dann, wenn viele Mitarbeiter weniger als zwanzig Wochenstunden arbeiten,[5] Teilzeitarbeitsplätze mit höheren Qualitätsanforderungen und entsprechend größeren Ausbildungs- und Einarbeitungskosten geschaffen werden oder wenn vielfältige betriebsinterne und -externe Abstimmungsschwierigkeiten auftreten. Auch eine Untersuchung der *Forschungsstelle für Empirische Sozialökonomik* an der Kölner Universität ergab, daß bei über siebzig Prozent der befragten mittelständischen Betriebe Verwaltungsaufwand und Personalzusatzkosten steigen, sobald Teilzeitarbeit eingeführt wird.[6]

---

[1] *Beyer* (1981), S. 224ff.; *Burian/Hegner* (1984).
[2] *Beyer,* Führungsansatz (1985); ders. (1981), S. 126ff., S. 227ff.
[3] *Bundesarbeitgeberverband Chemie e. V.* (1983), S. 11.
[4] *Gaugler,* Teilzeitarbeit (1983), S. 115ff.; ders., Erfahrungen (1981), S. 105ff.
[5] *Bierig* (1984), S. 194f.
[6] o. V. (11. 3.1985), S. 13.

a) Positive Einflüsse

Schauen wir uns zunächst die Vorzüge flexibler Arbeitszeiten an, die bei günstigen Situationsbedingungen erwarten lassen, daß das erfolgswirtschaftliche, personelle und finanzielle Gleichgewicht des Betriebes positiv beeinflußt wird, auch wenn deren Quantifizierung im Einzelfall bisher noch aussteht:

Flexibler Personaleinsatz

- Wie verschiedene Untersuchungen[7] erkennen lassen, können Beschäftigungsschwankungen bei innovativer Flexibilisierung leichter und in der Regel ohne Mehrarbeitszuschläge oder Reservepersonal ausgeglichen, die Personalleerzeiten im Handel und die Lagerhaltung in der Industrie reduziert, Kurzarbeit durch Freizeitverlängerung ohne Lohnausgleich vermieden werden.
- Arbeitnehmerwünsche nach größerer Entscheidungsfreiheit unmittelbar am Arbeitsplatz sind bei innovativ-flexibler Arbeit besser zu verwirklichen. Die Arbeitsbelastung wird geringer, das Betriebsklima verbessert sich und die Fehlzeiten sinken, so daß die Arbeitsproduktivität je nach Ausgangslage bis zu fünfzig Prozent steigen kann.[8] So konnten bei der *AGFA GEVAERT AG* allein durch die Einführung von Gleitzeit die Fehlzeiten im gewerblichen Bereich um etwa zwölf Prozent, bei *Rafi* von 6,8 Prozent auf 4,8 Prozent reduziert werden[9] (vgl. auch *Abb. 5*, S. 18).

Wie das Berliner *Institut für Gesundheits- und Sozialforschung (IGES)* nachweist, werden auch bei vorzeitiger Pensionierung die Fehlzeiten immer dann erheblich sinken, wenn davon gesundheitlich Beeinträchtigte Gebrauch machen. Gerade sie beeinflussen ja die Höhe der im wesentlichen durch Fälle langwieriger Arbeitsunfähigkeit bestimmten Ausfallzeiten maßgebend: Rund vierzig Prozent des Krankenstands beruhen auf jenen 6,5 Prozent der Krankschreibungen, bei denen die Kranken länger als zweiundvierzig Tage im Betrieb fehlten.[10]

Bessere Kapazitätsauslastung

Geht Teilzeitarbeit mit verlängerten Betriebszeiten einher (Entkoppelung), lassen sich die Anlagen kapitalintensiver Betriebe bei entsprechender Nachfrage besser nutzen, so daß die Stückkosten sinken; im Handel können Dienstleistungsangebot und Marktstellung verbessert werden.

Erleichterte Personalbeschaffung

Selbst hochqualifizierte Arbeitskräfte sind bei flexiblen Arbeitszeitbedingungen auf dem Arbeitsmarkt leichter und unter Umständen sogar für Schichtarbeit zu gewinnen; zugleich läßt sich die Urlaubs- und Krankheitsvertretung besser regeln.

---

[7] *Burian/Hegner* (1984), S. 74f.
[8] *Glaubrecht/Wagner/Zander* (1984), S. 227.
[9] *Fraunhofer-Institut für Arbeitswirtschaft und Organisation* (1985), S. 284; *Klein* (1981), S. 116.
[10] o. V. (30. 4.1984), S. 13.

Verstärkte Kooperation

Die Chance des Mitarbeiters, seine Arbeitszeit individuell festzulegen, könnte unter günstigen Voraussetzungen seine Bereitschaft, dabei auch betriebliche Bedürfnisse zu berücksichtigen, und seine Motivation verstärken. Zugleich sinkt der Bedarf an formalen Regelungen mit zunehmendem Dispositionsspielraum.[11]

Interessante Ergebnisse zu diesen Auswirkungen flexibler Arbeit hat *Swart* vorgelegt, der in den Vereinigten Staaten für den Personalbereich zuständige Vorstandsmitglieder (vice-presidents) über ihre Erfahrungen mit der Arbeitszeitflexibilisierung in den Jahren 1982/83 schriftlich befragte,[12] und zwar je dreihundert Banken (141 Antworten), Versicherungen (153 Antworten) und Versorgungsbetriebe (125 Antworten). Danach verminderten sich nach Übergang zur flexiblen Arbeit in etwa achtzig Prozent der Kreditinstitute die Verspätungen, bei etwa sechzig Prozent die Fehlzeiten und auch die Überstunden. Von fünfundachtzig Prozent der befragten Banken wurde die organisatorische Effizienz (effectiveness) nach der Flexibilisierung als etwas oder wesentlich höher bezeichnet. In den Versicherungsbetrieben nahmen die Verspätungen ebenfalls in etwa achtzig Prozent der Betriebe ab, der Absentismus in über vierzig, die Überstunden nur in vierunddreißig Prozent der Unternehmen. Die organisatorische Effizienz wurde dagegen sogar von knapp siebenundneunzig Prozent der befragten Unternehmen als besser bezeichnet. In den Elektrizitäts- und Gasbetrieben nahmen die Verspätungen der Arbeitnehmer nach Übergang zur flexiblen Arbeitszeit bei über siebzig Prozent des Büropersonals ab, die Fehlzeiten in knapp achtunddreißig Prozent, die Überstunden nur in knapp siebzehn Prozent der Betriebe. Die organisatorische Effizienz verbesserte sich in über dreiundachtzig Prozent der Elektrizitäts- und Gaswerke. Negative Konsequenzen traten dagegen bei Banken, Versicherungen wie Versorgungsbetrieben relativ selten auf (vgl. *Abb. 5*).

b) Negative Einflüsse

Möglich ist jedoch auch, daß flexible Arbeitszeiten das betriebliche Gleichgewicht je nach Art der Vorgehensweise, Flexibilisierungsform und Ausgangslage in folgenden Bereichen nachteilig beeinflussen:

Personalverwaltung, Weiterbildung, Sozialversicherung[13]

Mit zunehmender Zahl an Teilzeitkräften und Flexibilitätsmerkmalen steigen der Verwaltungs- und Koordinationsaufwand (Arbeitsvorbereitung, Personalplanung usw.) und die Weiterbildungskosten für Führungskräfte. Wird der Arbeitsplatz eines

---

[11] *Burian/Hegner* (1984), S. 84.
[12] *Swart* (1985).
[13] Vgl. hierzu auch *Bundesvereinigung der Deutschen Arbeitgeberverbände* (1984), S. 12f. und S. 34; *Burian/Hegner* (1984), S. 95f.; *Hoff,* Arbeitszeitpolitik (1983), S. 106ff.; *Bihl* (1982), S. 191.

D. Auswirkungen der Flexibilisierung

Abb. 5: Erfahrungen mit der Arbeitszeitflexibilisierung bei Banken, Versicherungen, Gas- und Elektrizitätswerken (Verwaltungspersonal) in den Vereinigten Staaten

	Banken					Versicherungen					Gas-/Elektrizitätswerke				
	viel höher	etwas höher	unverändert	etwas geringer	viel geringer	viel höher	etwas höher	unverändert	etwas geringer	viel geringer	viel höher	etwas höher	unverändert	etwas geringer	viel geringer
	(in Prozent der Betriebe)														
Arbeitsmenge	45,4	54,6				43,6	56,4					25,0	66,7	8,3	
Arbeitsqualität	54,6	42,4	3,0			34,6	63,6	1,8			4,2	25,0	70,8		
Arbeitszufriedenheit (Job Satisfaction)	38,2	55,9	5,9			40,4	52,6	7,0			37,5	62,5			
organisatorischer Wirkungsgrad (Effectiveness)	20,6	64,6	8,9	5,9		28,9	67,7	3,4			20,8	62,5	16,7		
Leistungsfähigkeit (Efficiency)	3,0	48,5	45,5	3,0		5,5	49,0	45,5			4,2	25,0	70,8		
Verspätungen		2,9	17,6	44,1	35,4		1,7	19,0	37,9	41,4	4,0		24,0	44,0	28,0
Fehlzeiten			39,4	42,4	18,2		1,8	54,3	35,1	8,8		62,5	25,0	12,5	
Überstunden	3,0		39,4	39,4	18,2		5,4	60,7	28,5	5,4			83,3	16,7	

Quelle: *Swart* (1985)

bisher über der Sozialversicherungspflichtgrenze liegenden Arbeitnehmers geteilt, so daß nun das gesamte Einkommen beider Teilzeitkräfte voll beitragspflichtig wird, steigen die Kosten für die Arbeitgeberanteile zur Renten- und Krankenversicherung. Zwei Halbtagskräfte mit einem Entgelt unterhalb der Beitragsbemessungsgrenze sind also für den Betrieb teurer als eine Vollzeitkraft mit einem Einkommen über der Sozialversicherungspflichtgrenze. Müssen mit zunehmender Zahl an Teilzeitkräften zusätzliche Führungskräfte eingestellt werden, entstehen höhere (sprungfixe) Kosten. Wird ein Vollzeitarbeitsplatz mit zwei Teilzeitkräften besetzt, fallen weitere Kosten an für die Personalbeschaffung, Einarbeitung, Betreuung, Personalverwaltung und Information sowie für personengebundene Sozialleistungen wie Berufskleidung und Fahrtkostenzuschüsse (sofern nicht in Blockteilzeit gearbeitet wird).

Bei *Siemens* entstanden durch Teilzeitarbeit zum Beispiel je Arbeitnehmer jährliche Mehrkosten von 600 DM für die Personalverwaltung (incl. Beschaffung, Betreuung, Abrechnung), 1000 DM für kalkulatorische Miete, sofern der Arbeitsplatz nicht doppelt besetzt werden konnte. Einmalige Mehrkosten für das Anlernen von etwa 400 bis 500 DM je Teilzeitkraft ergaben sich darüber hinaus bei Tätigkeiten von Akkordlöhnern mit hohen Anforderungen an die Merkfähigkeit.[14]

Koordination und Kontrolle

Als Anreize eingesetzte Erfolgsbeteiligungen, Urlaubszuschüsse und Ausgleichszahlungen (vgl. *Abb. 10*, S. 38) verursachen zusätzliche Kosten, deren Höhe maßgebend

---

[14] *Bierig* (1980), S. 1258.

davon abhängt, in welchem Umfang flexibilisiert wird. Zugleich wird die Zeiterfassung unentbehrlich.

Politisch-rechtliche Verpflichtungen

Manche Vorschriften des Gesetzgebers knüpfen an die Zahl der Beschäftigten im Betrieb an und zwar unabhängig davon, ob es sich um Teilzeit- oder Vollzeitkräfte handelt. Eine wachsende Zahl an Teilzeitarbeitern verursacht daher zusätzliche Kosten für die Erweiterung und Freistellung des Betriebsrats, die Bildung eines Wirtschaftsausschusses, die Erhöhung der Zahl der Pflichtplätze für Schwerbehinderte, die Zahl der Betriebsärzte und Sicherheitsfachkräfte usw.[15] (vgl. *Abb. 12, S.* 45)

Allein die betriebliche Mitbestimmung im Rahmen des Betriebsverfassungsgesetzes erhöht die Arbeitskosten pro Jahr durchschnittlich um 356,03 DM je Mitarbeiter, wovon knapp 200 DM auf die Betriebsratstätigkeit entfallen. Je nach Betriebsgröße (fünf bis zwanzig Beschäftigte: ca. 23 DM, einundzwanzig bis fünfzig Beschäftigte: ca. 180 DM, einundfünfzig bis fünfhundert Beschäftigte: ca. 301 DM Gesamtkosten), Branche und Bundesland bestehen allerdings erhebliche Unterschiede.[16]

c) Zwischenbilanz

Die Zahl empirischer Untersuchungen über die Auswirkungen flexibler Arbeit auf das betriebliche Gleichgewicht ist noch zu gering, als daß sich generelle Aussagen rechtfertigen ließen. Hinzu kommt, daß jede Form der Flexibilisierung positive wie negative Konsequenzen hat, die teilweise sofort, teilweise nur zeitlich verzögert wirksam werden und nur begrenzt quantifizierbar sind. In welchem Umfang sich Vorteile und Nachteile kompensieren, hängt von der Ausgangslage (Betriebsgröße, Personalstruktur, Arbeitsaufgabe, Teilzeitquote, Arbeitsmarktlage u. a.) und der Art der gewählten Einführungsstrategie sowie von der praktizierten Modellvariante ab und läßt sich nur langfristig beurteilen. Die Wahrscheinlichkeit, daß erfolgswirtschaftliches und finanzielles Gleichgewicht des Betriebes insgesamt positiv beeinflußt werden, ist jedoch bei den innovativen Formen der Flexibilisierung, die die konkreten Situationsbedingungen im Betrieb, bei den Mitarbeitern sowie in der Umwelt berücksichtigen, besonders groß, wie schon die zahlreichen Erfahrungen[17] mit Gleitzeit und – vor allem in Großbetrieben – auch mit Teilzeit zeigen.

II. Auswirkungen auf Gesellschaft und Arbeitnehmer

Auch für Gesellschaft und Arbeitnehmer hat die Flexibilisierung je nach Ausgangslage und Arbeitszeitgestaltung positive wie negative Konsequenzen, so daß hier ebenfalls eine differenzierende Betrachtung nötig ist.

---

[15] *Bundesvereinigung der Deutschen Arbeitgeberverbände* (1984), S. 20f.
[16] *iwd* (1983), 12, S. 6.
[17] Vgl. den Überblick bei *Burian/Hegner* (1984), S. 112ff. und S. 119ff.

a) Gesellschaftliche Konsequenzen

Die gesamtwirtschaftlichen Beschäftigungswirkungen flexibler Arbeitszeiten sind selbst bei kreativer Ausprägung und vor allem in Klein- und Mittelbetrieben[18] zumindest in der kurzen Sicht zweifelhaft. Langfristig wirken sie dagegen in die gleiche Richtung wie der technische Fortschritt. Wie das Beispiel der Einrichtung konventioneller oder innovativer Teilzeitarbeitsplätze für ausgebildete Jugendliche nach Abschluß ihrer Lehre (Ausbildungsplatzteilung) allerdings deutlich zeigt, sind vereinzelt auch kurzfristig positive Arbeitsmarkteffekte realisierbar. Diese von den *Mannesmann-Röhrenwerken*, den *Farbwerken Hoechst*, von *BASF, Siemens, E. Merck* und anderen Betrieben angebotene Möglichkeit für Berufsanfänger, die erlernten Fähigkeiten auf Teilzeitarbeitsplätzen anzuwenden, ist zwar keine optimale, wohl aber eine begrüßenswerte Lösung, den weiteren Anstieg der Jugendarbeitslosigkeit zu dämpfen.[19] Ähnlich ist die Möglichkeit zu beurteilen, in existenzgefährdeten Betrieben durch individuelle Arbeitszeitverkürzung Arbeitsplätze zu erhalten.

Darüber hinaus kann eine situativ differenzierende, innovative Flexibilisierung die Arbeit humaner gestalten, den Mitarbeiter am Arbeitsplatz etwas freier und zufriedener werden lassen und der Volksgesundheit dienen. Auch lassen sich Verkehrsspitzen leichter vermeiden und sicher auch die internationale Wettbewerbsfähigkeit (Absatz und Arbeitsmarkt) verbessern.

Doch darf über diesen Vorteilen nicht übersehen werden, daß manche Formen innovativer Flexibilisierung auch gesellschaftlich nachteilig wirken können. Das gilt insbesondere für die vielfach beliebte Blockfreizeit, wie sie sich zwangsläufig aus der Blockteilzeitarbeit ergibt. Allerdings: Wer ist schon bereit zuzugeben, daß sich zu viele Freizeitblocks der Erwachsenen negativ auf die Ausbildung unserer Jugend auswirken?[20]

Schon heute leidet das Bildungswesen unter der Fünftagewoche mit der über die Mittagszeit und ihrer Phase des Leistungstiefs hinaus verlängerten Schulzeit. Viele Freizeitblocks der Erwachsenen würden unweigerlich die Lernzeiten der Jugend weiter verkürzen und zur Bildung von Lernblocks führen. Lernen ist jedoch gerade in jungen Jahren besonders wichtig, weil hier für bestimmtes Wissen und bestimmte Lernarten optimale Bedingungen vorliegen. Auch ist Lernen nur kontinuierlich möglich, nicht als „Blockteilzeitlernen" mit vielen, langen und womöglich noch anstrengenden Blockfreizeiten. Sonnabendarbeit der Eltern ist somit für Schüler und Studenten ein Vorbild. Es ist daher recht gedankenlos, wenn über fünfzig Prozent unserer arbeitenden Bevölkerung für die Fünftagewoche auch in der Schule plädieren, unterstützt von der *Gewerkschaft Erziehung und Wissenschaft (GEW)*, vielen „fortschrittlichen Linken" wie von ebenso vielen CDU-Anhängern. Wie wenig muß *Aenne Brauksiepe* doch vom Lernvorgang Jugendlicher wissen und wie wenig muß sie doch auf den Rat erfahrener Kinderärzte hören, wenn sie schon 1969 als Bundesfamilien-

---

[18] Vgl. hierzu die Untersuchung der *Industriekreditbank AG – Deutsche Industriebank* (1984), S. 16ff.
[19] Vgl. hierzu *Casey* (1984).

ministerin sagte: ,,Die Samstags-Schulpflicht in Deutschland ist ein Anachronismus. Es wird endlich Zeit, daß sich die Schule dem Arbeitsrhythmus der Eltern anpaßt".[21]

Es wird also höchste Zeit, von der früheren Wohlstandsdevise ,,weniger arbeiten, weniger lernen"[22] schnellstens Abstand zu gewinnen. Weder weniger lernen noch lernen in Blöcken sind Grundlage von Kultur und Wohlstand, sondern langes und richtig verteiltes Lernen mit wohldosierten Pausen. Schon deshalb kann es nicht als wünschenswert angesehen werden, daß jede Variante der Flexibilisierung von Arbeit und Privatleben entsprechend flexible Lernzeiten nach sich zieht.

Welche hohen sozialen Kosten unserer Gesellschaft darüber hinaus durch eine nicht betriebsspezifisch differenzierende, also kollektive und damit gedankenlos praktizierte Flexibilisierung entstehen können, offenbaren die vielfältigen Probleme, wie sie zum Beispiel in Schulen auftreten können, wenn die Kontinuität der Klassenführung durch teilzeitarbeitende pädagogische Bezugspersonen noch mehr gefährdet würde, als dies bisher schon in vielen Schulen der Fall ist.[23] Tatsächlich wirft Teilzeitarbeit gerade in Bildungsinstitutionen – wie auch bei vielen teilzeitarbeitenden Beamten – mehr Probleme auf als sie löst: Sie erschwert die Organisation des Unterrichts und die Teilnahme der Lehrer mit reduzierten Unterrichtsstunden an Klassenausflügen, Konferenzen, Reisen und Schülerberatungen. Klagen der Schulleiter über ,,Bindungs- und Bereitwilligkeitsverluste" in Schulen mit einem hohen Anteil primär freizeitorientierter Menschen mit dem ,,Job" Lehrer und der Aufgabe, junge Leute zur Leistung zu motivieren, sollen heute schon nicht mehr selten sein.

Zum Schluß ist noch kurz ein Blick auf die Konsequenzen flexibler Arbeitszeiten für die Renten-, Kranken- und Arbeitslosenversicherung zu werfen. Zusätzliche Belastungen ergeben sich für die Renten- und Krankenversicherung zwar nicht aus einer veränderten Lage der Arbeitszeit, wohl aber einer generellen Reduktion ihrer Dauer. Dann würde ein vermindertes Beitragsaufkommen die Rentenversicherung in zusätzliche Schwierigkeiten bringen und auch die Krankenkasse bei nahezu unveränderten Leistungen erheblich belasten. Wieweit durch verkürzte Arbeitszeiten über einen reduzierten Krankenstand kompensatorische Effekte ausgelöst würden, läßt sich kaum vorabsehen. Bei der Arbeitslosenversicherung treten durch Teilzeitarbeit unter zwanzig Wochenstunden für Betrieb wie Arbeitnehmer finanzielle Entlastungen auf, die wohl nur bei nachfolgender größerer Arbeitslosigkeit von Teilzeitkräften zum Problem für die Gesellschaft werden könnten (vgl. auch S. 53 ff.).

b) Arbeitshumanisierung und Arbeitszufriedenheit

Nach *Noelle-Neumann*[24] hat sich das subjektive Empfinden der Arbeitnehmer, Entscheidungsspielraum am Arbeitsplatz zu haben, bisher in der Bundesrepublik

---
[20] *Fiebiger* (28.7.1984), S. 11.
[21] *Reumann* (28.7.1984), S. 10.
[22] Ebenda, S. 10.
[23] Vgl. zur Problematik der Teilzeitarbeit in Schulen o. V. (5.11.1983), S. 25; *Koppe* (1977), S. 11 f.
[24] *Noelle-Neumann* (25.1.1985), S. 10 f.

Deutschland nicht verbessert. Da zwischen dieser subjektiven Empfindung und der Arbeitsfreude in allen Ländern deutliche Zusammenhänge bestehen, vermag auch das konstatierte Absinken der Arbeitsfreude in Deutschland nicht zu überraschen. Es ist daher zu prüfen, ob über die Einführung flexibler Arbeitszeiten hier Veränderungen möglich sind (vgl. *Abb. 6*).

Zahlreiche empirische Untersuchungen und Umfrageergebnisse im In- und Ausland[25] lassen vermuten, daß sich doch relativ viele Arbeitnehmer einen größeren zeitlichen Dispositionsspielraum wünschen (vgl. aber auch die Einschränkungen unten, S. 48ff.).

Abb. 6: Vereinfachte Wirkungszusammenhänge zwischen Arbeitszeitflexibilisierung und Arbeitsverhalten

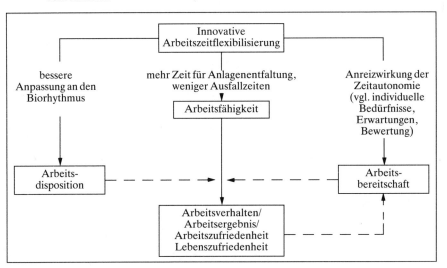

Gesicherter noch ist die Erkenntnis, daß flexible Arbeitszeiten immer dann vom Mitarbeiter besonders begrüßt werden, wenn schon eigene Erfahrungen vorliegen, der Teilzeitarbeiter einen vollerwerbstätigen Ehepartner hat und jedes Jahr erneut über die von ihm gewünschte Arbeitszeit entscheiden kann, wie es beispielsweise bei der *Landert Motoren AG* möglich ist. Hinter solchen Präferenzen der Arbeitnehmer für flexible Arbeitszeiten steckt der Wunsch, individuelle Bedürfnisse in bezug auf Lage und Dauer von Arbeitszeit und Freizeit besser zu verwirklichen. So zeigen praktische Erfahrungen, daß Vollzeitkräfte unter anderem deshalb zur Teilzeitarbeit überwechseln, weil ihnen die Arbeitsbelastungen zu hoch, beispielsweise also ihre Tätigkeiten zu monoton sind oder ihr Arbeitsweg zu lang ist.[26]

---

[25] O.V. (13.2.1984), S. 11; *Teriet,* Zeitsouveränität (1983), S. 131ff.; *Mertens* (1983), S. 212ff.; *Brinkmann* (1983), S. 106ff.
[26] *Fraunhofer-Institut für Arbeitswirtschaft und Organisation* (1985), S. 296f.

Als relativ gesichert gilt auch, daß durch zeitliche Individualisierung der Arbeit die Arbeitszufriedenheit bei all den Mitarbeitern steigt, die nach größerer Autonomie bei der Entscheidung über Arbeitszeit und Arbeitsinhalt streben. Diese Erfahrung gilt trotz der unten noch darzulegenden Tatsache, daß die Arbeitszeit im Vergleich zu anderen betriebs- oder arbeitsspezifischen Aspekten für den Mitarbeiter nur untergeordnete Bedeutung hat. So verbesserte sich nach der bereits erwähnten Untersuchung von *Swart* (vgl. *Abb. 5*) die Arbeitszufriedenheit der Büroangestellten nach Übergang zur Arbeitszeitflexibilisierung bei 91,4 Prozent der befragten Banken, bei 93 Prozent der Versicherungen und 100 Prozent der Gas- und Elektrizitätswerke in unterschiedlichem Ausmaß (vgl. *Abb. 7*).

Abb. 7: Veränderung der Arbeitszufriedenheit von Bürokräften (Banken, Versicherungen, Gas- und Elektrizitätswerke) in den Vereinigten Staaten nach Einführung flexibler Arbeitszeiten

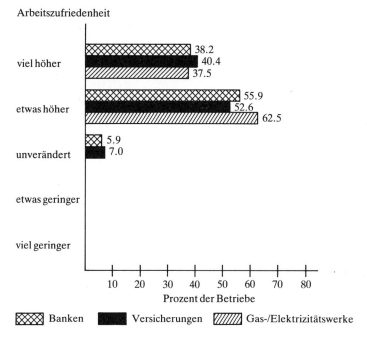

Quelle: *Swart* (1985).

Besonders deutlich werden solche positiven Wirkungen der Arbeitszeitflexibilisierung auch bei Schichtarbeitern erkennbar. So verbesserte sich bei einem diskontinuierlich in drei Schichten arbeitenden Chemiebetrieb die Arbeitszufriedenheit wesentlich, insbesondere die Zufriedenheit mit der neuen Arbeitszeitregelung sowie der Möglichkeit des Ausgleichs von Schlafdefiziten nach den Nachtschichten.[27] Die ver-

---

[27] *Knauth/Kiesswetter/Schwarzenau* (1984); *Knauth/Rutenfranz/Schwarzenau* (1984); *Knauth/Ernst/Schwarzenau/Rutenfranz* (1981).

suchsweise eingeführte Flexibilisierung bestand unter anderem darin, daß die Lage der Regelarbeitszeit in allen drei Schichten innerhalb von 2 bzw. 3,5 Stunden variiert werden konnte. Die Belegschaft durfte die Lage ihrer Schichtwechselzeiten innerhalb der vorgesehenen Grenzen jede Woche neu festlegen und entschied sich zum Beispiel oft dafür, mit der Früh-, Spät- und Nachtschicht eine halbe oder ganze Stunde früher zu beginnen. Teilweise wurde jedoch auch der Spätschichtwechsel um eine halbe Stunde verzögert. Als der Versuch abgeschlossen war, wollten dreiundachtzig Prozent der Belegschaft die neue Arbeitszeitregelung beibehalten. Zugleich ließen sich durch solche Flexibilisierungen und deren positiven Einfluß auf die Einstellung der Belegschaft zur Wechselschicht die bekannten Klagen der Schichtarbeiter über Statusnachteile ihrer Arbeit abstellen. Dies beruht einfach darauf, daß die der Schichtarbeit anhaftenden Statusnachteile auch in der primär produktionstechnisch bedingten schematischen Festlegung von Dauer und Lage der Arbeitszeit begründet sind, die wenig Spielraum für eine Individualisierung der Arbeit läßt.[28]

Darüber hinaus sind natürlich die Wirkungen flexibler Arbeitszeiten auf Einkommenssituation und sozialen Schutz der Mitarbeiter zu beachten, die deren Arbeitszufriedenheit ebenfalls maßgebend beeinflussen können.

Zwar reduziert sich das Einkommen des Mitarbeiters, wenn er zur Teilzeitarbeit übergeht. Doch wird diese Wirkung wegen der Steuerprogression erheblich gemildert. Das gilt vor allem dann, wenn beide Ehepartner berufstätig sind. Bei Übergang des Zweitverdieners zu einer um fünfzig Prozent reduzierten Teilzeitarbeit sinkt das Familieneinkommen je nach Steuerklasse lediglich um zehn bis zwanzig Prozent. Folglich verdient eine Teilzeitkraft netto je geleistete Arbeitsstunde unter Umständen erheblich mehr als bei Vollzeitarbeit (vgl. *Abb. 8*). Auch der Rentenanspruch vermindert sich insbesondere bei langjährigen Vollzeitarbeitskräften, die zur Teilzeitarbeit übergehen, nur relativ wenig. Arbeitet also beispielsweise ein Dreiundfünfzigjähriger mit achtunddreißig Versicherungsjahren in den letzten zehn Jahren seines Berufslebens nur noch fünfzig Prozent der tariflichen Wochenarbeitszeit, reduziert sich sein Rentenanspruch pro Jahr um circa ein Prozent auf 89,6 Prozent.[29]

Der Übergang zu einer beitragspflichtigen Teilzeitbeschäftigung wirkt sich auch nicht negativ auf die Erfüllung der Anwartschaftszeit bzw. Vorbeschäftigung oder die Dauer der Leistungsgewährung aus der Arbeitslosenversicherung aus, wohl aber auf die Höhe des Arbeitslosengeldes. Bei der Krankenversicherung wird die beitragspflichtige Teilzeitkraft in bezug auf die Sachleistungen wie eine Vollzeitkraft behandelt, gegenüber dieser also begünstigt[30] (vgl. auch S. 53ff.).

Die hier nur angedeuteten vielfältigen positiven Erfahrungen,[31] die den humanen Gehalt der Flexibilisierung offenbaren, dürfen allerdings nicht dazu verleiten, potentielle Zielkonflikte zwischen den Interessen der Koalitionspartner sowie mögliche Nachteile und Gefahren einer undifferenzierten, nicht innovativen Flexibilisierung

---

[28] *Fürstenberg/Steininger* (1984), S. 224.
[29] *Bundesarbeitgeberverband Chemie e. V.* (1983), S. 12; *Bihl* (1982), S. 186ff.
[30] *Landenberger* (1984), S. 26ff. und S. 44ff.
[31] Zu weiteren Untersuchungen vgl. den Überblick bei *Burian/Hegner* (1984), S. 138ff. und S. 144ff.

Abb. 8: Steuerliche Wirkungen der Teilzeitarbeit

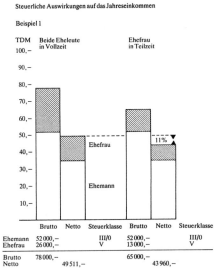

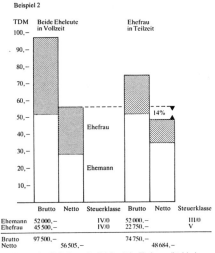

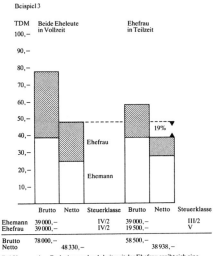

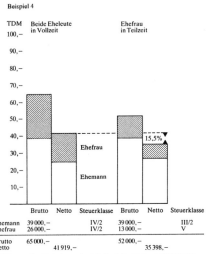

Quelle: *Bihl* (1982), S. 192.

für den Arbeitnehmer zu übersehen. Wenn das *Institut der Deutschen Wirtschaft* feststellt, daß „... langfristig die veränderten Produktionsaspekte mit den Arbeitnehmerwünschen nach Auflockerung starrer Arbeitszeitgefüge in die gleiche Richtung laufen",[32] ist das ebenso einseitig wie die von den Gewerkschaften prinzipiell unterstellten Widersprüche zwischen Arbeitgeber- und Arbeitnehmerinteressen bei einer Flexibilisierung der Arbeit.

c) Arbeitsintensivierung und Freizeitnutzen

Selbstverständlich ist nicht jede Form flexibler Arbeit kritiklos als begrüßenswerter Schritt auf dem Weg zur Humanisierung und höheren Eigenverantwortlichkeit der Mitarbeiter anzusehen. Dabei wird das in der Literatur[33] häufig erwähnte Argument verminderter Karrierechancen und Fluktuationsmöglichkeiten – auf die manche Teilzeitkräfte vielleicht gar keinen Wert legen – nicht einmal als so gravierend angesehen wie die Gefahren der Arbeitsintensivierung und des eingeschränkten Freizeitnutzens.

Arbeitsverdichtung

Die Gewerkschaften weisen seit langem auf die Möglichkeit einer mit der Arbeitszeitverkürzung einhergehenden Intensivierung der Arbeit hin, ohne allerdings entsprechende Konsequenzen in bezug auf die von ihnen verfolgte Arbeitszeitpolitik zu ziehen.

Bisher ist auch nicht schlüssig bewiesen, daß flexible Arbeit, insbesondere Teilzeitarbeit, den Mitarbeiter stets stärker belastet und überbeansprucht. Nach *Glaubrecht/ Wagner/Zander*[34] beruht die höhere Leistung der Teilzeitkräfte – die ebenfalls nicht generell nachweisbar ist – vielmehr darauf, daß diese ausgeruhter seien. Während der kurzen Arbeitszeit trete – insbesondere bei monotonen Tätigkeiten – kein Leistungsabfall ein und es werde intensiver und konzentrierter gearbeitet. Zudem können die Ausfallzeiten bei Teilzeitkräften geringer sein, so daß die Arbeitsproduktivität selbst bei gleichbleibender Leistungsintensität positiv beeinflußt wird.

Doch fällt immerhin auf, daß die bisherige Arbeitszeitverkürzung dem Arbeitnehmer weder den erwarteten Gewinn an zusätzlicher freier Zeit gebracht, noch Krankenstand oder Familienleben fühlbar positiv beeinflußt hat.[35] Dies mag unter anderem in folgender Entwicklung begründet sein:

- Mit der Arbeitszeitverkürzung geht immer dann eine Arbeitsverdichtung einher, wenn bisher in der Arbeitszeit enthaltene „Entspannungsvorgänge" (Gespräche mit Kollegen, informelle Pausen usw.) entfallen und der Zeitdruck zunimmt. Der Belastungsfaktor Tempoarbeit gilt nicht nur seit langem als signifikante Ursache

---

[32] *iwd* (1984), 35, S. 2.
[33] *Conradi* (1982), S. 157.
[34] *Glaubrecht/Wagner/Zander* (1984), S. 227.
[35] *Arminger/Nemella* (1983).

psychosomatischer Leiden. Vielmehr ist sogar zu befürchten, daß die wachsende Abneigung eines Teils unserer Bevölkerung gegenüber dem Leistungsprinzip gerade hierin maßgebend begründet ist.[36]

- Falls die Mitarbeiter mit abnehmender Arbeitszeit stärker belastet werden, erhöht sich der für ihre Erholung notwendige Freizeitanteil und die Intensivierung strahlt auf den Privatbereich über („Spill-over-Effekt"). Hinzu kommt eine „Überfrachtung" der arbeitsfreien Zeit mit häuslichen und sozialen Verpflichtungen.[37] Warum sollte sonst die Mehrzahl unserer Bürger nach einer Umfrage des Allensbacher Instituts für Demoskopie darüber klagen, daß alles „viel zu schnell laufe"?[38]
- Ein großer Teil des durch bisherige Arbeitszeitverkürzung bedingten Zeitgewinns in der Industriegesellschaft wird für den (wachsenden) „Massenmedienkonsum" (Radio, Fernsehen) „verbraucht",[39] weil viele Arbeitnehmer mit gering ausgeprägter Lernfähigkeit mit der gewonnenen freien Zeit nicht genug anzufangen wissen.

Nun sprechen diese Argumente zwar eindeutig gegen eine kontinuierliche kollektive Arbeitszeitverkürzung, wie sie bisher praktiziert wurde. Sie sprechen jedoch nicht dagegen, die Arbeitszeit individuell zu reduzieren, ihre Lage zu verändern und innovative Teilzeitarbeit einzuführen, bei der die Arbeitsbelastungen langfristig weit besser ertragen werden können und die den Mitarbeiter auch weniger beansprucht. Dabei wird natürlich unterstellt, daß der Arbeitnehmer nicht mehrere Teilzeitarbeitsverhältnisse bei verschiedenen Arbeitgebern gleichzeitig abschließt, was prinzipiell möglich[40] und in den Vereinigten Staaten bei einem kleinen Teil der Job sharer auch üblich ist.

Eingeschränkter Freizeitnutzen

Gesicherter als das Argument zunehmender Arbeitsverdichtung erscheint die Gefahr eines potentiellen Konflikts von individuell präferierter oder arbeitsmedizinisch erwünschter Handhabung der Arbeitszeit auf der einen und der kapazitätsorientierten bzw. vom Kunden erwarteten Arbeitszeitgestaltung auf der anderen Seite. So hat die Arbeitszeit je nach ihrer Lage unter Umständen einen recht unterschiedlichen Nutzen für Belegschaft und Betrieb. Deutlich wird diese Problematik an solchen Jahresarbeitszeitverträgen, die den Mitarbeitern in den für sie attraktiven Sommermonaten mit ihrem hohen Freizeitwert wegen der zu dieser Zeit je nach Branche wesentlich stärkeren Kundennachfrage eine längere Arbeitszeit zumuten als im Winter.[41] Ähnlich problematisch ist die ausschließlich kapazitätsorientierte variable Arbeitszeit (KAPOVAZ), wie sie teilweise im Handel üblich ist, aber auch der sogenannte „Teildienst" (Teilschichtdienst) im Gastgewerbe.

Generell gilt, daß der aus kürzeren Arbeitszeiten fließende Freizeitnutzen immer dann relativ gering ist, wenn sich die Inanspruchnahme der Abrufbereitschaft des

---

[36] Vgl. z. B. *Opaschowsky* (1983).
[37] *Müller-Wichmann* (1985), S. 60 ff.
[38] *Rindersbacher* (1984), S. 38 ff.
[39] Berechnungen von *Kreutz* (5. 7.1984) nach *Resznöhazy* (1970).
[40] Vgl. hierzu *Hanel* (1983), S. 37.
[41] *Kemper* (19. 9.1983), S. 13.

Arbeitnehmers belastend auf Familie und Freizeitplanung auswirkt, weil die Einsatzzeiten zu kurzfristig abgerufen werden oder für den Mitarbeiter zu ungünstig liegen. Nicht immer läßt sich ein Kompromiß finden wie im Sportmodehaus *Willy Bogner,* wo die Belegschaft während der Zeiten des größten Arbeitsanfalls zwar 45 Stunden pro Woche arbeiten muß, die über die Jahresarbeitszeit hinausgehenden Überstunden dann aber eingesetzt werden, um die Ferien zu verlängern. Folglich kann das Werk Ostern zwei Wochen, im Mai/Juni dreieinhalb Wochen, im September vierzehn Tage, Ende Oktober eine weitere Woche und zwischen Weihnachten und Neujahr ebenfalls ganz schließen.[42]

Ähnliche Störungen des Familienlebens wie bei der Inanspruchnahme der Abrufbereitschaft des Arbeitnehmers sind nach einer britischen Studie[43] bei ausgedehnter Heimarbeit möglich, sofern die Heimarbeiter zu oft außerhalb der üblichen Arbeitszeit tätig werden. In all diesen Fällen, aber auch immer dann, wenn Heimarbeit und Kinderbetreuung mit einer besonders belastenden Erwerbsarbeit zusammenfallen, kann die an sich hochgradige „Familienfreundlichkeit" flexibler Arbeit insbesondere bei verheirateten Frauen mit Kindern in ihr Gegenteil verkehrt werden.

Darüber hinaus ist zu berücksichtigen, daß der Freizeitnutzen eines Sonnabendvormittags naturgemäß höher zu veranschlagen ist als der eines anderen Wochentags. Der teilzeitbeschäftigte Arbeitnehmer hat damit zwar den Vorteil der kürzeren Arbeitsdauer, zugleich aber den Nachteil der ungünstigen Lage. Dieses Problem wird ja in Zusammenhang mit der Nachtschichtarbeit schon seit langem diskutiert. Zu berücksichtigen ist allerdings auch, daß die gleichen Tageszeiten und ihr Nutzen für Freizeitaktivitäten von verschiedenen Menschen durchaus unterschiedlich bewertet werden können.[44]

Solche Probleme mit dem eingeschränkten Freizeitnutzen treten also keineswegs nur im Dreischichtsystem mit Nachtarbeit auf, sondern sind generell bei allen Aktivitäten zu „nicht normalen Zeiten" denkbar, also bei jeder von der üblichen Lage abweichenden Arbeitszeit. Das gilt selbst für den unter Humanisierungsgesichtspunkten positiv zu bewertenden Zweischichtbetrieb mit flexiblen Teilzeitschichten, wo der geringe Nutzen der nach Abzug der Arbeits-, Wege- und Schlafzeit verbleibenden Zeit Familienleben und Freizeitgestaltung nachhaltig beeinträchtigen kann.[45]

d) Biorhythmus

Im Leben eines jeden Menschen gibt es Phasen, in denen er für Arbeitsleistungen körperlich, geistig und seelisch mehr oder weniger günstig disponiert ist. Deshalb ist zu überlegen, ob und wie sich solche wissenschaftlich noch keineswegs hinreichend

---

[42] *Fiedler-Winter* (19. 4.1984), S. 3.
[43] *Rudolph* (18. 2.1984), S. 13.
[44] *Baer/Ernst/Nachreiner/Volger* (1985).
[45] *Ernst/Diekmann/Nachreiner* (1984), S. 92 ff.

gesicherten, empirisch teilweise jedoch gut belegbaren Einsichten[46] über die verschiedenen Biorhythmen des Menschen bei der Arbeitszeitflexibilisierung zum Wohle von Mitarbeiter und Betrieb nutzen lassen.

Tages-, Wochen- und Monatsrhythmus

Das Phänomen täglicher, wöchentlicher und monatlicher Schwankungen der geistigen, körperlichen und seelischen Disposition mit ihren Konsequenzen für die Arbeitsleistung ist seit langem bekannt. Wir brauchen nur an das Problem einer nicht der biologischen Tagesrhythmik entsprechenden Dauer und Lage von Arbeitszeit und Pausen bei Schichtarbeit zu denken.

Wenn der als „Morgenmuffel" bekannte zweiphasige Schlaftyp den Siebenstundentag mit einer großen Gleitzeitspanne zum morgendlichen Arbeitsbeginn präferiert, mag dies arbeitsmedizinisch durchaus erwünscht sein. Wenn er sich dagegen wegen langer Anfahrtswege und spezifischer Freizeitinteressen für die Frühschicht in der Viertagewoche mit zehn Stunden täglicher Arbeitszeit oder gar eine Zweitagewoche mit zwölf Stunden täglicher Arbeitszeit entscheidet oder wenn der Nachtschichtarbeiter in der Tiefphase seines Circadianrhythmus, also seiner täglichen Leistungsdisposition, auf die notwendige Pause verzichtet, sind Überbeanspruchungen und Gesundheitsbeeinträchtigungen nicht mehr auszuschließen. Das gilt vor allem dann, wenn der Arbeitnehmer am Arbeitsplatz durch weitere Faktoren zusätzlich belastet wird (Mehrfachbelastung).

In Deutschland bleiben solche biorhythmischen Überlegungen bei der Arbeitszeitgestaltung selbst dort unberücksichtigt, wo – wie beim Circadianrhythmus – relativ gesicherte wissenschaftliche Einsichten vorliegen. Gerade hier bestehen aber günstige Voraussetzungen für den Arbeitnehmer, beispielsweise durch Einführung von Gleitzeit, Arbeitsbeginn und Arbeitsende entsprechend dem individuellen Verlauf seiner Arbeitsdisposition festzulegen. Dabei wird unterstellt, daß der Tagesrythmus bei allen Menschen einen zweigipfligen Verlauf aufweist, die Leistungsdisposition des einzelnen jedoch individuell unterschiedlich wirksam wird.[47]

In Japan und in der Schweiz gibt es inzwischen bereits mehrere Firmen, die selbst Dispositionsschwankungen, wie den wissenschaftlich weniger gesicherten physischen 23-Tage-Rhythmus, den psychischen 28-Tage-Rhythmus und den intellektuellen 33-Tage-Rhythmus beim Personaleinsatz beachten. In besonders kritischen Phasen, wie den periodischen oder halbperiodischen Tagen sowie in Zeiten, in denen sich alle drei Kurven im negativen Bereich bewegen, werden die Mitarbeiter vorgewarnt oder es wird ihnen gar Sonderurlaub gewährt. Der Erfolg spricht für sich, ging doch die Unfallquote deutlich zurück, bei *Kokusai Taito Taxi* wie auch einer japanischen Eisenbahngesellschaft beispielsweise um dreißig Prozent.[48]

Aber nicht nur die Unfallhäufigkeit ließe sich vermindern, wenn die Arbeitszeit derart innovativ flexibilisiert würde. Vielmehr lassen sich die positiven Phasen der geistigen, seelischen und körperlichen Disposition darüber hinaus für sportliche Höchstlei-

---

[46] Vgl. z. B. *Wilkes* (1983), S. 58 ff.; *Genuit* (1976), S. 43 ff.
[47] *Beyer*, Personalwirtschaft, Teil 2 (1985), S. 41 ff.; *Fraunhofer-Institut für Arbeitswirtschaft und Organisation* (1985), S. 183.
[48] *Lenz* (24. 8. 1982), S. 1; *Genuit* (1977), S. 298.

stungen, Prüfungen, geschäftliche Verhandlungen, Vertreterbesuche und Kreativitätssitzungen wirksam nutzen.[49]

Jahresrhythmus

Auch die auf das Jahr bezogenen Rhythmusschwankungen der Arbeitsdisposition und (geistigen) Arbeitsbereitschaft (Motivation) des Menschen, die primär mit den auf das vegetative Nervensystem einwirkenden ultravioletten Strahlen der Sonne sowie Temperaturschwankungen begründet werden, können in die Arbeitszeitflexibilisierung einbezogen werden:[50] So läßt beispielsweise die körperliche Leistungsbereitschaft ein Hoch etwa von April bis Juni erkennen, während körperliche und geistige Arbeitsbereitschaft im Hochsommer ein Tief aufweisen und die Unfallhäufigkeit wegen der geringeren Belastbarkeit steigt. Solche Einsichten sollten gerade bei der Verteilung der Lage der Jahresarbeitszeit von Betrieb wie Arbeitnehmer besonders beachtet werden, indem beispielsweise Langzeiturlaube oder vorübergehende Teilzeitarbeit (Jahresteilzeitarbeit) primär geistig Arbeitender bevorzugt in die Zeit etwa zwischen Mai und Oktober, primär körperlich Arbeitender dagegen etwa in die Monate Juli bis Oktober gelegt werden.

Lebensrhythmus

Selbst zyklische Erscheinungen während der Lebensarbeitszeit wie die bekannte „Midlife-Crisis" und ähnliche Phänomene sollten bei Flexibilisierung wie Personaleinsatz berücksichtigt werden. So könnten solche zyklischen Vorgänge zum Beispiel ein Sabbatjahr, einen Langzeiturlaub oder wenigstens einen gänzlich anderen Personaleinsatz des Mitarbeiters im Betrieb während seiner besonders kritischen Phasen nahelegen.[51] Die Lebensarbeitszeit ist allerdings nicht nur wegen dieser (teilweise noch recht spekulativen) Einsichten über Rhythmusschwankungen in die Überlegungen zur Flexibilisierung der Arbeit einzubeziehen. Zu bedenken ist vielmehr auch, daß selbst die bei vielen Arbeitnehmern so beliebte (unflexible) vorzeitige Pensionierung zu schnellerem Altern und arteriosklerotischen Veränderungen der Blutgefäße von Herz und Gehirn führen kann. Wegen fehlender Kontakte am Arbeitsplatz kommen unter Umständen noch soziale Probleme hinzu. Sieht man einmal von besonders belasteten oder kranken Arbeitskräften ab, ist daher aus biologischer, medizinischer und soziologischer Sicht nur die innovative Variante der Lebensarbeitszeitflexibilisierung in Form eines gleitenden Übergangs in den Ruhestand (gleitende Pensionierung) – möglichst mit einer großzügig bemessenen Gleitphase von etwa fünfundfünfzig bis siebzig Jahren (Lebensarbeitszeitverlängerung) – vorbehaltlos zu empfehlen.[52]

Gleiche Überlegungen gelten für alle jene Menschen, deren Lernfähigkeit im Arbeitsprozeß wenig genutzt wurde. Zwar fällt es Mitarbeitern, die im Berufsleben hohe

---

[49] *Wilkes* (1983), S. 34 ff.; *Genuit* (1976), S. 15 ff.
[50] Vgl. hierzu *Hellpach* (1965), S. 131.
[51] *Meixner* (1983), S. 236 ff.
[52] *Beyer*, Personalwirtschaft, Teil 3 (1985), S. 103.

geistige Anforderungen zu erfüllen hatten, besonders schwer, aus dem Arbeitsleben zurückzutreten. Doch ist es ihnen eben langfristig aufgrund ihrer ausgeprägten Lernfähigkeit weit besser möglich, diesen Lebensabschnitt sinnvoll zu gestalten als Menschen, deren Lernfähigkeit in ihrem Berufsleben wenig genutzt wurde, wie es für Un- und Angelernte typisch ist.[53] Die Altersteilzeitarbeit wäre daher auch hier eine sinnvolle Flexibilisierungsform.

e) Gruppenkonflikte

Nur selten wird ausreichend berücksichtigt, daß die Gruppe – beziehungsweise beim Job pairing die Teilzeitpartner – bei einigen Formen flexibler Arbeit einflußreicher und autonomer sind als bei der konventionellen Arbeitszeitgestaltung. Damit lassen sich aber Konflikte zwischen individuellen und Gruppeninteressen nicht mehr ausschließen. So kann für den einzelnen, der ja eigentlich Dauer und Lage seiner Arbeitszeit und Pausen freier wählen will, unter Umständen der unangenehme Zwang entstehen, sich mit der Gruppe und den Restriktionen ihrer Mitglieder auseinanderzusetzen. Ausgesprochene Individualisten werden für diese Art der gruppenabhängigen „Zeitsouveränität" kaum zu gewinnen sein und die Gemeinschaft verlassen, wie es bei den zeitautonomen Gruppen in der *Cannstatter Volksbank* vereinzelt zu beobachten war. Beim Job pairing können sich die Gruppenkonflikte insofern noch verstärken, als die Teilzeitpartner nicht nur hinsichtlich Lage und Dauer der Arbeitszeit, sondern unter Umständen auch in bezug auf den Grad der funktionellen Arbeitsteilung voneinander abhängig sind.

III. Haltung der Gewerkschaften und Betriebsräte

Nach dieser Analyse der Auswirkungen flexibler Arbeitszeiten auf Betrieb, Arbeitnehmer und Gesellschaft stellt sich die Frage, wie Gewerkschaften und Betriebsräte hierzu stehen.

a) Gewerkschaften

Gewerkschaften beurteilen die Flexibilisierung in Form von Teilzeitarbeit, wie sie noch 1977 vom *DGB* propagiert wurde, etwa seit 1979 überwiegend kritisch oder ablehnend.[54] Gleiches gilt, wie schon erwähnt, für den flexiblen Gehalt der Tarifverträge von 1984, ja selbst für Teilzeitarbeit nach der Lehre, mit der sich der Anstieg der Jugendarbeitslosigkeit dämpfen läßt, und für die Samstagsarbeit. Dabei wird von

---

[53] *Lattmann* (1983), S. 8f.
[54] *Hoff*, Arbeitsmarktentlastung (1983), S. 230ff.

ihnen durchaus gesehen, daß ein Teil der Arbeitnehmer für innovativ-flexible Arbeitszeiten plädiert. Bekannt ist auch, daß nach einer Umfrage des Meinungsforschungsinstituts *Marplan* (1985) 46,1 Prozent der befragten Arbeitnehmer begrüßen würden, wenn die Gewerkschaften sich auf dem Gebiet der Förderung von Teilzeitarbeitsplätzen ,,sehr stark engagierten".[55] Doch nur selten sind Fortschritte in der gewerkschaftlichen Haltung erkennbar, so beispielsweise in bezug auf die neuerdings von der *DAG* diskutierte Teilzeitbeschäftigung für Berufsanfänger und die Partner-Teilzeitarbeit sowie die generell unterstützte Lebensarbeitszeitverkürzung. Positiv ist auch die Einstellung der *IG Chemie* zum *BASF*-Modell im Werk Ettenheim und das gegenwärtig bei der *Co Op AG* erprobte Modell enthält ebenfalls Ansätze zur Flexibilisierung.[56]

Vordergründig wird die gewerkschaftliche Abneigung mit fehlenden Beschäftigungswirkungen und unzureichendem Arbeitnehmerschutz gerechtfertigt, insbesondere dem bei Teilzeitarbeit verminderten Einkommen der Arbeitskräfte (,,Arbeitszeitverkürzung ohne Lohnausgleich") sowie der geringeren Leistung der Arbeitslosenversicherung, die sich nach der Höhe des letzten Einkommens bemißt (vgl. aber auch oben, S. 24). Es wird sogar behauptet, wegen der höheren Arbeitsproduktivität sei Teilzeitarbeit unterbezahlt und – insbesondere bei geringfügiger Beschäftigung – sozial nicht ausreichend geschützt. Geklagt wird weiterhin über schlechte Arbeitsbedingungen, ,,Arbeitszerstückelung", ,,Dequalifizierung" und Arbeitsintensivierung sowie eine ungleiche Behandlung der Arbeitnehmer bei der Arbeitszeitgestaltung. Darüber hinausgehende Argumente etwa derart, daß flexible Arbeit auch abzulehnen sei, weil Teilzeitbeschäftigte ,,... ihr Leistungstief nicht im Betrieb, sondern nach getaner Arbeit erreichen",[57] so daß ihr Biorhythmus ,,... in Zeiten höchster Leistungsfähigkeit zu Gunsten der Unternehmer voll ausgenutzt"[58] werde, wären eigentlich nicht erwähnenswert, vermittelten sie nicht zugleich einen anschaulichen Einblick in die Denkschablonen einiger (weniger) Gewerkschaftsfunktionäre und Wissenschaftler. Da die Leistungsfähigkeit des Menschen nachts am stärksten eingeschränkt ist, müßten diese Autoren eigentlich begeisterte Anhänger der Nachtschichtarbeit sein.

Daß die Einstellung der um ihren Einfluß fürchtenden Gewerkschaften und der Betriebsräte wie vieler Wissenschaftler und Publizisten auch gegenüber der Telearbeit negativ ist, vermag nicht mehr sonderlich zu überraschen. Die in der Telearbeit bedingten Möglichkeiten einer den eigenen Bedürfnissen entsprechenden Arbeitszeitgestaltung werden dabei ebenso wenig erkannt oder bewußt übersehen wie sonstige Humanisierungschancen (Arbeitsplätze an benachteiligten Standorten, für junge Mütter, Strafgefangene, Behinderte).

Nicht ganz von der Hand zu weisen ist dagegen die Sorge, daß Arbeitnehmersolidarität und gewerkschaftliche Interessenvertretungsmacht geschwächt werden, wenn kollektive bzw. tarifliche Vereinbarungen durch individuelle Ausgestaltung flexibilisiert würden. Dann wäre durchaus denkbar, daß das Interesse der Arbeitnehmer mit individuellen und verkürzten Arbeitszeiten an der gewerkschaftlichen Arbeitszeitpo-

---

[55] *iwd* (1985), 36, S. 7.
[56] *Glaubrecht/Wagner/Zander* (1984), S. 100.
[57] *Wirtschafts- und sozialwissenschaftliches Institut des DGB* (1983), Punkt 3, S. 2ff.
[58] *WSI* (1983), Punkt 3.1, S. 3; ähnlich *Held/Karg* (1983), S. 471.

III. Haltung der Gewerkschaften und Betriebsräte

litik nachläßt,[59] zumal der gewerkschaftliche Organisationsgrad von Teilzeitkräften ohnehin gering ist. Doch ist nicht einzusehen, warum in Kollektivverträgen nicht auch die Rahmenbedingungen für innovativ-flexible Arbeitszeiten geregelt werden können, die den Wünschen der Arbeitnehmer besser als bisher entsprechen.[60]

Nur den Laien kann überraschen, daß sich die Wissenschaftler der DDR bei ihrer Beurteilung der Arbeitszeitflexibilisierung in der Bundesrepublik Deutschland der gewerkschaftlichen Argumentation vorbehaltlos anschließen. So habe sich nach *Speer*[61] die angeblich größere Zeitsouveränität als „Farce" erwiesen, diene die Arbeitszeitflexibilisierung doch ausschließlich zwei zentralen Zielen:

- den Gewinninteressen, verwirklicht durch höheres Arbeitstempo, bessere Kapazitätsauslastung sowie bessere Anpassung an Marktbedingungen und
- der Schwächung der gewerkschaftlichen „Kampfkraft" durch „Aufbrechen" der einheitlichen tariflichen Regelungen über differenzierte Arbeitszeitgestaltung mit dem Ziel, Teile der Belegschaft gegeneinander auszuspielen und damit die Gewerkschaft zu schwächen.

Wie bereits erwähnt, hat sich die ablehnende Haltung der Gewerkschaften auch nach den Tarifabschlüssen 1984 nicht wesentlich geändert. Neu ist lediglich die zusätzliche Begründung, kollektive Arbeitszeitverkürzungen auf betriebsdurchschnittlich 38,5 Stunden seien kostengünstiger als flexible Lösungen und daher zu bevorzugen. Die unveränderte Haltung wird schon daran erkennbar, daß die Gewerkschaften die bisher flexibelste Umsetzung der Tarifvereinbarungen bei *Demag Mannesmann Kunststofftechnik* im Frühjahr 1985 vor dem *Arbeitsgericht Nürnberg* mit der Begründung angefochten haben, die Schlichtungsstelle habe willkürlich gehandelt, ihr Spruch sei unpraktikabel, die vorgenommene Differenzierung sei uneinsichtig und nur darauf gerichtet, „maximale Flexibilisierung" zu betreiben.

Bedenklicher noch ist das erklärte Ziel der Gewerkschaften, die Mitwirkung des Betriebsrats bei der Arbeitszeitgestaltung als Vehikel zu benutzen, dessen Mitbestimmung auf die Personalplanung auszudehnen.[62] Ohnehin wurden Mitsprache- und Kontrollrechte durch die neuen Tarifverträge erheblich erweitert, von der unter Juristen diskutierten Frage einmal ganz abgesehen, ob die Tarifparteien zu dieser Ausweitung der Kompetenz der Betriebsräte auf die Dauer der Arbeitszeit überhaupt berechtigt waren.[63] Wahrscheinlich haben die Tarifparteien ihre Legitimationsgrenzen hier wieder einmal überschritten – ein Beispiel mehr für die seit langem zu beobachtende schleichende Kompetenzausweitung der Rechte der Arbeitnehmervertretung.[64]

---

[59] *Reuter* (1981), S. 208.
[60] Ebenda, S. 206.
[61] *Speer* (1984), S. 356 ff.
[62] *Kurz-Scherf* (1985), 3, S. 131.
[63] *Ziepke* (1985), S. 285.
[64] *Beyer,* Personalwirtschaft, Teil 1 (1986), Kapitel E.

b) Betriebsräte

Auch Betriebsräte verhalten sich gegenwärtig überwiegend reserviert gegenüber der Arbeitszeitflexibilisierung.[65] Neben dem Gewerkschaftseinfluß ist diese Haltung darauf zurückzuführen, daß sie tendenziell im Interesse eines (angeblich durch Flexibilisierung gefährdeten) Betriebsfriedens eher an einheitlicher Arbeitszeit und Entlohnung interessiert sind. So wurde denn schon 1984 ihre Kooperationsbereitschaft in bezug auf die Umsetzung des flexiblen Gehaltes der neuen Tarifverträge in der Metallindustrie von fünfundzwanzig Prozent, in der Druckindustrie von fünfzehn Prozent der befragten siebzig mittelständischen Betriebe negativ beurteilt.[66] Prüft man nun die bisher vorliegenden Betriebsvereinbarungen auf ihren flexiblen Gehalt, bestätigt sich diese pessimistische Prognose schnell. Der Betriebsrat sollte zwar völlig selbstbestimmt und eigenverantwortlich handeln, die Interessen der Arbeitnehmer vertreten und mit Arbeitgeber und Gewerkschaft zusammenarbeiten. Doch kommt er gerade bei der Flexibilisierung der Arbeitszeit aus drei Gründen häufig in erhebliche Rollen- und Loyalitätskonflikte (vgl. *Abb. 9*):

- Zwar sind nur etwa vierzig Prozent der Arbeitnehmer gewerkschaftlich organisiert, doch knapp achtzig Prozent der Betriebsräte und etwa neunzig Prozent der Betriebsratvorsitzenden. Die Verhältniswahl erleichtert es den Gewerkschaften, eigene Kandidaten bevorzugt bei der Wahl durchzusetzen. Der starke Einfluß der Gewerkschaften auf die Arbeitnehmervertreter ist also ein Faktum, das der Gesetzgeber gewollt oder zumindest in Kauf genommen hat. Dies ist jedoch insofern problematisch, als der Betriebsrat die Zusammensetzung der Belegschaft möglichst repräsentativ wiedergeben soll und die Interessen aller Arbeitnehmer, nicht nur die seiner Gewerkschaft zu vertreten hat. Rollenkonflikte scheinen damit unvermeidlich. Und wie werden diese gelöst?: Obwohl der Betriebsrat selbstbestimmte und eigenverantwortliche Arbeitszeitpolitik betreiben soll, nimmt er vielfach bei der Umsetzung der Tarifverträge eher Gewerkschaftsinteressen wahr, treibt also gewerkschaftsabhängige Politik.
- Der Betriebsrat soll die Arbeitnehmer repräsentieren, hat ihre Wünsche gegenüber dem Arbeitgeber zu vertreten und durchzusetzen und mit diesem zum Wohle aller Arbeitskräfte, nicht nur der Mitglieder seiner Gewerkschaft zusammenzuarbeiten. Das gilt auch in bezug auf die flexiblen Arbeitszeiten. Betriebsvereinbarungen mit zu geringer Flexibilisierung bzw. Einheitslösungen schränken aber die Freiheit der Arbeitnehmer ein, wahren also deren Interessen nicht ausreichend. Solche Einheitslösungen sind schon wegen der Heterogenität der Belegschaftsinteressen problematisch. Allerdings haben Arbeitnehmer kaum eine Möglichkeit, hiergegen etwas zu unternehmen.
- Der Betriebsrat hat mit dem Arbeitgeber vertrauensvoll zusammenzuarbeiten, dessen Entscheidungen zu unterstützen und zwischen ihm und den Arbeitnehmern zu vermitteln. Loyalitätskonflikte sind damit auch in dem Beziehungsfeld zwischen Arbeitgeber und Betriebsrat unvermeidlich.

---

[65] *Bundesvereinigung Deutscher Arbeitgeberverbände* (1984), S. 16f.
[66] *Industriekreditbank AG – Deutsche Industriebank* (1984), S. 16ff.

III. Haltung der Gewerkschaften und Betriebsräte

Abb. 9: Rollen- und Loyalitätskonflikte des Betriebsrats bei der Arbeitszeitflexibilisierung

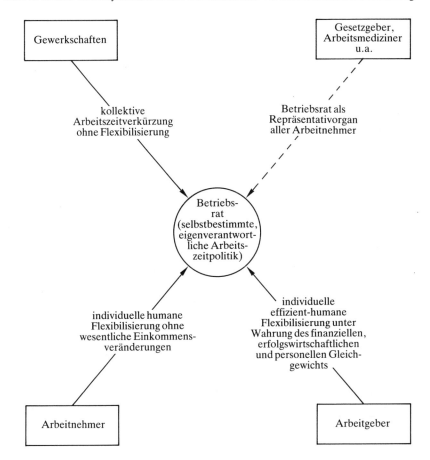

E. Koordination der Flexibilisierung

Nur allzugern wird übersehen, daß sich die bisher dargestellten Vorteile individualisierter Arbeit nicht automatisch einstellen. Vielmehr ist humane Effizienz langfristig nur dann gewährleistet, wenn eine sorgfältige Einführungsstrategie gewählt wird. Dazu gehört zunächst einmal, alle Koalitionspartner ausreichend über das Projekt zu informieren und die Mitarbeiter schon in der Phase der Entwicklung einer Konzeption an dem Projekt zu beteiligen. Weiterhin sind die Bedürfnisse von Betrieb und Belegschaft sowie die spezifischen Situationsbedingungen genau zu analysieren, die mittleren Führungskräfte und die Arbeitnehmervertretung zu schulen und alle Aktivitäten umfassend zu koordinieren.

I. Koordinierende Interessenabwägung

Bevor flexible Arbeitszeiten eingeführt werden, sind die Interessen von Betrieb und Belegschaft sorgfältig gegeneinander abzuwägen, um die situationsspezifisch wirklich geeigneten Modelle herausfinden zu können. Aber auch bei der Umsetzung sind vielfältige Koordinationsbemühungen, ein positives Arbeitsklima und am Wohlergehen des Unternehmens interessierte Mitarbeiter unerläßlich. Wie wesentlich hierbei die Einstellung der Belegschaft ist, offenbart sich, wenn der Betrieb in auftragsstarken Perioden seine Mitarbeiter dringend braucht, während diese vielleicht gerade jetzt wegen privater Belange einen Zeitkredit aufnehmen wollen. Dann wird deutlich, warum innovativ-flexible Arbeitszeiten eine verantwortungsfreudige, kooperationsbereite und gruppenorientierte Belegschaft voraussetzen, die ihrerseits ebenfalls zu einer koordinierenden Abwägung ihrer privaten mit den betrieblichen Interessen bereit ist.

Erfahrungen mit der gleitenden Arbeitszeit zeigen nicht nur, wie wichtig diese Einstellung ist, sondern auch, daß sie keineswegs als selbstverständlich unterstellt werden kann.[1] Wenn aber die Belegschaft die zusätzliche Freiheit am Arbeitsplatz einseitig für eigene Belange nutzt und betriebliche Interessen ignoriert, wird die Einführung flexibler Arbeitszeiten für jedes Unternehmen zu einer Gefahr. Um dieses Risiko von vornherein etwas zu begrenzen, setzen viele Betriebe Hilfsmittel ein, die die Interessenabstimmung begünstigen.

---

[1] Vgl. z. B. *Hillert* (1981), S. 99 ff.

II. Unmittelbare Koordination

Zu den unmittelbar koordinierend wirkenden Hilfsmitteln, die zugleich die organisatorische Handhabung flexibler Arbeitszeiten erleichtern, gehören beispielsweise die Führung von Zeitkonten und Übergabebüchern, die Vereinbarung von Nachbarschaftshilfen (Austausch von Mitarbeitern zwischen Abteilungen, wenn in einem Bereich ein Engpaß auftritt), die Regelung der Stellvertretung, die Einrichtung von Tauschbörsen, Ankündigungsfristen für Abrufarbeiten und Langzeiturlaube sowie viele weitere Instrumente (vgl. *Abb. 10*).[2] Für den Fall, daß eine Einigung mit und zwischen den Mitarbeitern trotzdem nicht gelingt, wird vielfach eine Art ,,Notbremse" vorgesehen.

So behält sich bei Job-sharing-Verträgen der Arbeitgeber kraft seines Direktionsrechts die verbindliche Einteilung der Arbeitszeit häufig selbst vor, sofern die Teilzeitpartner sich über Dauer und Lage ihrer Arbeitszeit nicht verständigen können. Ähnliches ist in der Betriebsvereinbarung der *AGFA-GEVAERT AG Fototechnik München* verankert, mit der die Gleitzeit-Schichtarbeit geregelt wird: Im Falle eines dringenden betrieblichen Bedarfs kann hier kurzfristig und vorübergehend zur starren Arbeitszeit zurückgekehrt werden.[3] Das gilt auch für den Fall fehlender Einigung der Mitarbeiter in einem Chemiebetrieb mit Dreischichtarbeit, dessen Belegschaft ihre Schichtwechselzeiten innerhalb eines vorgegebenen Rahmens jeden Tag oder jede Woche neu festlegen kann (Absprache-Gleitzeit).[4]

III. Mittelbare Koordination

Neben den Möglichkeiten der unmittelbaren Koordination bietet sich an, Interessenabstimmung und organisatorische Handhabung flexibler Arbeit auch mittelbar zu fördern. Geeignet hierfür sind finanzielle Leistungen wie Erfolgsbeteiligungen, Bildungszuschüsse oder Gehaltsfortzahlungen und andere Anreize wie Zusatzurlaub, Beförderungs- und Arbeitsplatzgarantien (vgl. *Abb. 10, S. 38f.*).[5]

Die koordinierende Wirkung solcher Belohnungen beruht darauf, daß sie die Motive der Mitarbeiter aktivieren und ihre Kompromißbereitschaft verstärken. In der Lerntheorie ist seit langem bekannt, daß ein bestimmtes Verhalten auch durch extrinsische (fremdgesteuerte) Belohnungen herbeigeführt werden kann (vgl. *Abb. 6, S. 22*). Wenn also beispielsweise im Modehaus *Beck* das Einkommen der Mitarbeiter umsatzabhängig ist, sind diese eher daran interessiert, in Zeiten mit hoher Kundenfre-

---

[2] Hinweise auf solche Koordinationsinstrumente finden sich bei *Fiedler-Winter* (19. 4. 1984), S. 3; *Fiedler* (1984), S. 160; *Grassl/Hindelang,* Mitarbeiter (1984), S. 65ff.; o.V. (27. 4. 1984), S. 17; *Jungblut* (3. 2. 1984), S. 26; *Nixdorf Computer AG* (1983), S. 4.
[3] *Grassl/Hindelang,* Schichtarbeit (1984), S. 98.
[4] *Knauth/Kiesswetter/Schwarenau* (1984), S. 97.
[5] o.V. (14. 7. 1984), S. 14; *Glaubrecht/Wagner/Zander* (1984), S. 194f.; o.V. (25. 4. 1984), S. 16; o.V. (14. 4. 1984), S. 17.

Abb. 10: Koordinationsinstrumente flexibler Arbeitszeitgestaltung

Betrieb \ Koordination	unmittelbare	mittelbare
AGFA-GEVAERT AG	• Großzügige Vor- und Nachgleitspannen • Begrenzte Verrechnungsmöglichkeiten von Gleitzeitguthaben mit Kernzeiten	
Albert (Kinderbekleidung, Schweiz)	• Zeitkonto (Stundenkonto)	• Zuschlag von 25% für die über 40 Wochenstunden hinaus in Spitzenzeiten geleistete Arbeitszeit, die zum Stundenguthaben wird • Zusatzurlaub aus Stundenguthaben ohne Gehaltseinbuße in „toten" Zeiten
BASF AG	• Vertretungsbereitschaft bei Ausfall anderer Mitarbeiter in der Verwaltung • Verpflichtung von Halbtagskräften in spezifischen auftragsabhängigen Funktionen im Produktionsbereich zur vorübergehenden Ganztagsarbeit bei entsprechendem Arbeitsanfall	
Beck-Feldmeier KG	• Mindestbesetzung • Nachbarschaftshilfen zwischen Abteilungen	• Umsatzbezogenes Einkommen
Bertelsmann AG (Sonderurlaub)		• Finanzielle Zuschüsse für Zusatzurlaub in auftragsschwachen Zeiten
Filderklinik	• Führung eines Übergabebuches • Sehr gutes kollegiales Klima	
Gambro Dialysatoren KG	• Gleitzeit ohne Kernarbeitszeit mit Mindestanwesenheitspflicht von vier Stunden ohne Unterbrechung	
Interflex Datensysteme GmbH	• Freizeitvorschuß mit Rückgabe innerhalb von zwei Jahren	
Klöckner-Moeller-Gruppe		• Zulage von 0,08% des jährl. Br.lohnes f. jeden Tag Urlaubsvertretung beim Job sharing
Landert Motoren AG (Bülach, Schweiz)	• Harte Stellvertretungsregelung ohne Ausnahmen	
Nixdorf Computer AG (Freizeitmodell)	• Ankündigungsfrist des Langzeiturlaubs von neun Monaten • Freizeitkonto	• Bildungszuschuß von maximal 120 DM pro Tag der Bildungsveranstaltung
Pegulan-Werke AG (Einführung von Teilzeitarbeit, gleitender Ruhestand)		• Rückkehrgarantie auf Vollzeitarbeitsplatz innerhalb von sechs Monaten • Volle Jahresprämie und volles Urlaubsgeld im Jahr des Wechsels zur Teilzeitarbeit • Ungeschmälerte Anwendung der Ruhegeldordnung • Ausgleichszahlung zur Reduzierung der Einkommensverluste bei gleitendem Übergang in den Ruhestand

Koordination Betrieb	unmittelbare	mittelbare
Rank-Xerox GmbH (Sozialdienstmodell)		• Gehaltsfortzahlung bei Freistellung • Beförderungsgarantien • Garantie der Wiedereinsetzung in frühere oder ähnliche Positionen
Volkswagenwerk AG		• Arbeitsplatz- und Beförderungsgarantien

quenz im Betrieb zu arbeiten. Gleiches gilt für die bei Sonderurlaub gewährten finanziellen Zuschüsse in der *Bertelsmann AG,* die daran gebunden sind, daß der Zusatzurlaub in auftragsschwache Zeiten gelegt wird, so daß sich saisonale Schwankungen besser ausgleichen lassen. Die Firma *Albert* (Schweiz) koordiniert die Interessen ebenfalls dadurch, daß sie für die in Spitzenzeiten angesammelten Zeitguthaben der Belegschaft bezahlten Zusatzurlaub in auftragsschwachen Zeiten gewährt. Ausbezahlt wird nur der Aufschlag in Höhe von fünfundzwanzig Prozent für die über vierzig Stunden hinausgehende Arbeitszeit.[6] Auch wenn für Wochenendarbeit im Umfang von vierundzwanzig Stunden sechsunddreißig Stunden vergütet oder für eine Stunde Samstagsarbeit siebzig Minuten angerechnet werden, liegen koordinierend wirkende finanzielle Anreize vor.

Allerdings ist bei all diesen materiellen Belohnungen zu berücksichtigen, daß sich finanzielle Interessen häufig mit nicht monetären Bedürfnissen vermischen und direkte Beziehungen zwischen Gratifikation und Verhalten nur selten nachweisbar sind. Hinzu kommt, daß eine differenzierte Beurteilung von finanziellem Anreiz und individueller Handhabung der Arbeitszeit maßgebend von der Art der gewährten Gratifikation, der Persönlichkeits- bzw. Antriebsstruktur der Belegschaft und vielen weiteren Komponenten des Belohnungssystems abhängt.[7]

---

[6] *Glaubrecht/Wagner/Zander* (1984), S. 194f.
[7] Zu den Einzelheiten vgl. *Beyer* (1981), S. 161 ff.

F. Restriktionen bei der Flexibilisierung

Die Vielzahl der eingangs vorgestellten Modellvarianten mag vermuten lassen, innovativ-flexible Arbeit sei weit verbreitet. Bezieht man auch traditionelle Erscheinungsformen ein, dürfte die Zahl der flexibel arbeitenden Mitarbeiter in der Tat mehrere Millionen erreichen (vgl. unten S. 48). Trotzdem muß die Hoffnung, flexible Arbeitszeiten würden sich noch in den 80er Jahren umfassend verbreiten, utopisch erscheinen. Bisher ließ sich dieses Ziel selbst mit staatlichen Zuschüssen nicht erreichen, wie das *Institut für Arbeitsmarkt- und Berufsforschung* nachweist.[1] Zukünftig könnte man bestenfalls erwarten, daß der Staat einerseits als Arbeitgeber in begrenztem Umfang eine Vorreiterrolle übernimmt, andererseits die Restriktionen selbst etwas lockert, wie es im Beschäftigungsförderungsgesetz teilweise schon geschehen und im Ausland gang und gäbe ist.

Ursächlich für die nur begrenzten Wachstumschancen flexibler Arbeit sind vielfältige Erschwernisse, die den Flexibilisierungsspielraum und alle bisher erörterten koordinierenden Bemühungen behindern und die in der Diskussion nur allzu gerne übersehen werden.[2] Dazu gehören neben den schon erwähnten Schwierigkeiten (fehlende Erfahrung, Interessenkonflikte) insbesondere die spezifischen Arbeitsplatzerfordernisse, zahlreiche Faktoren bei Angebot und Nachfrage von Arbeitsleistungen sowie die politisch-rechtlichen Rahmenbedingungen.

I. Betriebliche Restriktionen

Aus betrieblicher Sicht sind es vor allem die spezifischen Arbeitsplatzerfordernisse, die der Teilbarkeit vieler Arbeitsplätze und der Ausbreitung flexibler Arbeitszeiten entgegenstehen. Wirklich zuverlässige Schätzungen, auf wieviele Arbeitsplätze dieses sogenannte Ganzzahligkeitsargument tatsächlich zutrifft, liegen allerdings nicht vor.

Nach Unternehmensbefragungen könnten etwa eine Million Arbeitsplätze in Teilzeitstellen umgewandelt werden. Nach einer Untersuchung im Auftrag des Sozialministeriums Rheinland-Pfalz sollen einundsechzig Prozent der über neuntausend Vollzeitarbeitsplätze in dreizehn Betrieben technisch ohne weiteres teilbar sein,[3] nach einer Erhebung der *Forschungsstelle für Empirische Sozialökonomik* (Universität Köln) dagegen nur etwa fünfundzwanzig Prozent der Vollzeitarbeitsplätze in der mittelständischen Industrie.[4]

---

[1] o.V. (17. 1. 1984), S. 11.
[2] Vgl. exemplarisch die euphorische Darstellung von *Trefflich* (1984), S. 462ff., zum Job sharing.
[3] *Bundesvereinigung der Deutschen Arbeitgeberverbände* (1984), S. 7 und 14; *Bundesarbeitgeberverband Chemie e.V.* (1983), S. 14.
[4] o.V. (11. 3. 1985), S. 13.

Einigermaßen verläßliche Einsichten lassen sich wohl nur durch branchen-, betriebs- und vor allem arbeitsplatzspezifische Analysen gewinnen, wie das Beispiel der potentiellen Teilbarkeit unterschiedlicher Arbeitsplätze in der *Siemens AG* zeigt (vgl. *Abb. 11*).[5] Hinzu kommt, daß die Flexibilisierung in Form der Teilzeitarbeit nicht unbedingt eine Tagesteilung voraussetzt, sondern auch als Wochen-, Monats- oder Jahresteilzeitarbeit möglich ist. Auch kann nicht jede beliebige Art der Flexibilisierung an allen Arbeitsplätzen verwirklicht werden. So läßt sich zum Beispiel reine Gleitzeit bei gewerblichen Arbeitnehmern im Dreischichtbetrieb mit nur drei Schichtbelegschaften wegen der engen Bindung an den Arbeitsablauf in aller Regel wesentlich schwieriger realisieren als im Angestelltenbereich.[6] Möglich ist hier jedoch die Absprache-Gleitzeit, wie sie beispielsweise in der Kunststoffspritzerei *Rafi* praktiziert wird.[7]

Abb. 11: Potentielle Teilbarkeit von Arbeitsplätzen in der *Siemens AG*

Bereich Struktur	Angestelltenbereich	Gewerblicher Bereich
Arbeitsplätze mit überwiegend weiblichen Arbeitnehmern	40%	30%
Arbeitsplätze mit überwiegend männlichen Arbeitnehmern	5%	zwischen 2% und 27% (in Abhängigkeit von der Arbeitsplatzstruktur)

Bisher ist die flexible Arbeit häufig auf geringe fachliche Qualifikationen weiblicher Arbeitnehmer des Dienstleistungsbereichs vorwiegend kleiner und mittlerer Unternehmen sowie männlicher älterer Arbeitnehmer im öffentlichen Dienst beschränkt. Doch kann daraus nicht unbedingt gefolgert werden, daß das Aufgabenniveau die Verbreitung flexibler Arbeitszeitmodelle in jedem Fall behindert. Dies ist schon deshalb unzulässig, weil in manchen Betrieben auch Führungskräfte Teilzeitarbeit leisten oder dazu übergehen wollen *(Landert, Interflex, Modehaus Beck, Swissair)* und in der Schweiz auch Ärzte und Rechtsanwälte auf Job-sharing-Arbeitsplätzen tätig sind. Selbst die Telearbeit wird überwiegend von höher qualifizierten angestellten Führungskräften sowie unabhängig und selbständig Arbeitenden wahrgenommen.[8] Doch ist vor allem die Tagesteilzeitarbeit bei anspruchsvollen Tätigkeiten erheblich schwieriger zu organisieren, wie sich vielfach belegen läßt.

Schon 1978 stieß die „Mainzer Untersuchung"[9] bei Aufgaben mit Kundenkontakten, sich überlagernder Verantwortung, Terminbindungen sowie Führungsaufgaben auf Probleme bei der Arbeitsplatzteilung. Eine neue Studie des *Instituts für Arbeitsmarkt- und Berufsforschung* zeigt, daß Koordinations- und andere Führungsfunktionen nach wie vor nur schwer als Teilzeitarbeit zu gestalten sind. So bezeichnet die *Pfaff AG* vor allem aufeinander abgestimmte Arbeitsplätze, längerdauernde hochwertige Arbeiten und solche mit hohen Anforderungen an Fachwissen und

---

[5] *Bierig* (1981), S. 361 ff.
[6] *Grassl/Hindelang* (1984), S. 67.
[7] *Fraunhofer-Institut für Arbeitswirtschaft und Organisation* (1985), S. 57.
[8] *Tippmann* (1984), S. 237.
[9] o. V. (12. 7. 1978), S. 11.

Können als nicht teilbar; bei den *Pegulan-Werken* sind die leitenden Angestellten von der Teilzeitarbeit ausgenommen, in Niedersachsen „Funktionsträger" wie Schulleiter, Fachberater und Koordinatoren.

Diese betrieblichen Restriktionen mögen ursächlich dafür sein, daß der Umfang der Teilzeitbeschäftigung in manchen Betrieben von vornherein beschränkt wird, so beispielsweise in den *Pegulan-Werken* auf höchstens fünfzig Prozent der Arbeitszeit (Ausnahmen auf Wunsch) und maximal fünfzehn Prozent der Gesamtbelegschaft.[10]
In der Chemieindustrie vereinbarten die Tarifparteien 1985, den Anspruch auf Altersteilzeitarbeit (und Vorruhestand) auf insgesamt fünf Prozent der Arbeitnehmer eines Betriebes zu begrenzen. Liegt die Zahl der Antragsteller darüber, gelten spezielle Auswahlverfahren.[11]

Als Zwischenergebnis wollen wir festhalten, daß Teilzeitarbeit – auch in Form des Job pairing – für das Management wie viele andere verantwortliche Positionen eine Ausnahme bleiben wird, soll nicht die Führungsaufgabe darunter erheblich leiden. Vorschläge beispielsweise derart, einen Diplomingenieur und einen Diplompädagogen mit einem Arbeitszeitdeputat von je zwanzig Stunden als Teilzeitpartner mit der Personalleitung eines Betriebes zu betrauen, sind daher graue Theorie.[12]

II. Arbeitsmarktrestriktionen

Neben diesen betrieblichen Restriktionen begrenzen auch Faktoren auf der Angebots- und Nachfrageseite von Arbeitsleistungen die Verbreitung flexibler Teilzeitarbeit nachhaltig. Das bedeutsamste Hindernis entsteht daraus, daß es in der Bundesrepublik Deutschland zwar fünf Millionen Doppelverdiener, aber eben auch 7,5 Millionen Haushalte mit nur einem Einkommensbezieher gibt. Viele Arbeitsplätze sind also mit Mitarbeitern besetzt, die an kürzeren Arbeitszeiten ohne Lohnausgleich überhaupt nicht interessiert sind: Während beispielsweise die Flexibilisierung in der Verwaltung der *Heraeus GmbH* (Hanau) hervorragend funktioniert, ist sie im Produktionsbereich unter anderem deshalb so schwierig, weil die hier tätigen, überwiegend männlichen Arbeitskräfte als Haupternährer ihrer Familien auf Vollzeitarbeit angewiesen sind.[13] Da solche Einschränkungen auch in vielen anderen Betrieben vorliegen,[14] können an sich bestehende, auf die Arbeitszeitdauer bezogene Flexibilisierungspotentiale nur über Versetzungen, Fluktuationen und Neueinstellungen, also nur eingeschränkt und sehr langfristig tatsächlich genutzt werden.

In den Betrieben mit vorwiegend männlichen alleinverdienenden Beschäftigten wollen bestenfalls ältere Arbeitnehmer kürzer arbeiten, wobei natürlich auch Infrastruk-

---

[10] *Pegulan-Werke AG* (1984); o. v. (14. 7. 1984), S. 14.
[11] o. V. (4. 3. 1985), S. 13.
[12] *Trefflich* (1984), S. 469.
[13] o. V. (23. 3. 1984), S. 18.
[14] *Fraunhofer-Institut für Arbeitswirtschaft und Organisation* (1985), S. 26; *Bierig* (1980), S. 1257.

tur und Umfang der Anfahrtswege eine Rolle spielen: Lange Wegezeiten – zum Beispiel mehr als eine halbe Stunde[15] – hemmen vor allem die Tagesteilzeitarbeit, weniger dagegen die Wochen-, Monats- oder Jahresteilzeitarbeit. Allerdings gilt diese Aussage nicht uneingeschränkt, denn in den Firmen *Pebra, Faisst, Schwarz, Rafi, Hengstler* und *Scholze* haben die Teilzeitkräfte im Durchschnitt sogar einen längeren Arbeitsweg als die Vollzeitbeschäftigten.[16]

Teilzeitarbeit ist somit in etwa sechzig Prozent aller erwerbstätigen Haushalte, insbesondere bei sinkendem oder stagnierendem Realeinkommen nicht zu verwirklichen. (Das gilt jedoch nicht für flexible Vollzeitarbeit, Arbeitszeitverlängerung und einige Sonderformen flexibler Teilzeitarbeit). Deshalb ist auch verständlich, warum es relativ wenig männliche, dagegen überdurchschnittlich viele weibliche Arbeitslose gibt, die Teilzeitarbeit suchen.

Die zweite Restriktion ergibt sich aus der starken Vorliebe teilzeitsuchender weiblicher Arbeitsloser für eine Vormittagsbeschäftigung. Der hier von der *Bundesvereinigung der Deutschen Arbeitgeberverbände*[17] vorgeschlagene Weg, die erfahrungsgemäß schwer zu besetzende Nachmittagsschicht durch eine Abendschicht (Hausfrauenschicht) zu ersetzen, weil weibliche Arbeitnehmer hierfür leichter zu gewinnen seien, kann dieses Problem sicher nur begrenzt lösen.

Auch durch die neuerdings wieder stärker diskutierte Heimarbeit in Form der noch im Versuchsstadium befindlichen Telearbeit, die wir als hochinnovative Form der Flexibilisierung bezeichnet haben, dürfte sich der Umfang flexibler Arbeit kaum wesentlich erhöhen. Dies gilt selbst wenn man berücksichtigt, daß die Telearbeit technisch heute kaum noch schwierig ist und beispielsweise für die computerunterstützte Textverarbeitung gut einsetzbar wäre.

III. Politisch-rechtliche Restriktionen

Neben den betrieblichen und arbeitsmarktbedingten Schwierigkeiten behindern auch politisch-rechtliche Rahmenbedingungen die Verbreitung vor allem der Teilzeitarbeit. Dies ist unter anderem darin begründet, daß der Gesetzgeber implizit von einer für Vollzeitarbeitsplätze typischen Regelarbeitszeit ausgeht, also nicht nach Voll- und Teilzeitbeschäftigungen differenziert. So können beispielsweise Kleinbetriebe allein dadurch in den Geltungsbereich des Kündigungsschutzgesetzes fallen, daß sie Teilzeitkräfte einstellen und damit mehr als fünf Arbeitnehmer regelmäßig beschäftigen. Auch viele Bestimmungen des Lohnfortzahlungs- und Schwerbehindertengesetzes, des Gesetzes über Betriebsärzte, Sicherheitsingenieure und andere Fachkräfte für Arbeitssicherheit sowie die erwähnten Beitragsbemessungsgrenzen des Sozialversicherungsrechts beziehen sich auf nach der Zahl der Beschäftigten bemessene Be-

---

[15] *Bundesvereinigung der Deutschen Arbeitgeberverbände* (1984), S. 45.
[16] *Fraunhofer-Institut für Arbeitswirtschaft und Organisation* (1985), S. 158.
[17] *Bundesvereinigung der Deutschen Arbeitgeberverbände* (1984), S. 18.

triebsgrößenklassen und wirken damit einer Ausweitung der Teilzeitbeschäftigung entgegen. Zu allem Überfluß sind die für den Arbeitnehmerschutz geltenden Bezugsgrößen auch noch uneinheitlich und unübersichtlich.[18]

Als noch hinderlicher können sich allerdings die Vorschriften der §§ 99 ff. BetrVG (Mitbestimmung bei personellen Einzelmaßnahmen) sowie der §§ 111 f. BetrVG (Sozialplanpflichtigkeit von Betriebsänderungen) in Betrieben mit in der Regel mehr als zwanzig wahlberechtigten Arbeitnehmern erweisen[19] (vgl. *Abb. 12*). Hier drängt sich die zentrale Frage auf, ob das Betriebsverfassungsgesetz die Einführung innovativ-flexibler Arbeitszeiten eher fördert oder behindert, indem es dem Betriebsrat Mitbestimmungsrechte bei der Lage der Arbeitszeit einräumt. Wenn die Betriebsräte neuen Formen flexibler Arbeit auch zukünftig überwiegend ablehnend gegenüberstehen, wie wir oben schon darlegten, ist jedenfalls kaum mit einer wesentlichen Verbreitung zu rechnen. Das gilt selbst dann, wenn die Einigungsstelle angerufen wird, wie deren Entscheidungspraxis in den vergangenen Jahren – beispielsweise bei der Ausschöpfung gesetzlicher Ladenschlußzeiten – gezeigt hat.

In allen Fällen, in denen der Betriebsrat ein erzwingbares Mitbestimmungsrecht hat, haben die verbindlichen Entscheidungen dieser Einigungsstelle zentrale Bedeutung. Deren Spruch kann dann nur noch wegen fehlender Zuständigkeit oder des Überschreitens der Ermessensgrenze vor dem Arbeitsgericht angefochten werden, was sich vor allem in bezug auf die Ermessensfrage als riskantes Unterfangen darstellt:[20] Bei der Zwangsschlichtung der Einigungsstelle entscheidet ein außenstehender Dritter als unparteiischer Vorsitzer darüber, was als betriebliche und den Mitarbeiterinteressen angemessene Lösung anzusehen ist. Das Arbeitsgericht steht nun vor der Aufgabe zu prüfen, ob mit der von der Einigungsstelle getroffenen Regelung die Grenze des Ermessens überschritten wurde, das heißt, ob bei ihr die Belange von Arbeitnehmer und Betrieb angemessen berücksichtigt und zu einem vertretbaren Ausgleich gebracht worden sind. Welche Interpretationsspielräume hier denkbar sind, hat die erwähnte Kaufhausentscheidung des Bundesarbeitsgerichts deutlich gezeigt.[21]

Ähnlich liegt die Problematik bei der Samstagsarbeit und dem sonntäglichen Bereitschaftsdienst, denen die Gewerkschaften ablehnend gegenüberstehen: Die in dem Werk der *Siemens AG* in München an der Martinstraße aus Gründen der Kapazitätserweiterung geplante Einführung der Samstagsarbeit für rund hundertfünfzig in der Fertigung Beschäftigte wurde vom Betriebsrat nicht akzeptiert, so daß die Schlichtungsstelle angerufen werden mußte. Diese entschied sich für das vorgeschlagene Dreischichtmodell unter Einbeziehung der Samstagsarbeit, doch hat die *IG Metall* diese Entscheidung inzwischen gerichtlich angefochten.[22] Auch hier werden von Gewerkschaften wie Betriebsräten vier wesentliche Gesichtspunkte übersehen:

- Erstens gibt es sicher Arbeitnehmer, die ab und zu lieber an einem Dienstag oder Donnerstag, wenn alle Behörden und Geschäfte ganztags geöffnet sind, einen

---

[18] *Hoff* (1983), S. 231.
[19] *Löwisch/Schüren* (1984), S. 927. Auch das Beamtenrecht gilt nicht als teilzeitfreundlich, vgl. *Reuter* (1981), S. 204.
[20] *Hacker* (1. 3. 1985), S. 4.
[21] Ebenda, S. 4.
[22] o. V. (28. 2. 1985), S. 15; o. V. (4. 3. 1985), S. 15.

Abb. 12: Kritische Schwellen bei der Arbeitszeitflexibilisierung (Auswahl)

Wöchentliche Arbeitszeit	unter 10 Std. unter 15 Std. (oder nicht über 390 DM pro Monat bzw. einem Sechstel des Gesamteinkommens)	• Kein Anspruch auf Lohnfortzahlung im Krankheitsfall • Keine Beiträge zur Renten- und Krankenversicherung
	unter 19 Std. unter 20 Std. unter 50% der tariflichen Arbeitszeit	• Kein Anspruch auf vermögenswirksame Leistungen • Keine Beiträge zur Arbeitslosenversicherung • Kein Anspruch auf Urlaubsgeld
Zahl der Arbeitnehmer	ab 5	• Betriebsrat (Betriebsobmann) nach BetrVG bilden
	ab 6	• Kündigungsschutzgesetz wird wirksam
	ab 16	• Sechs Prozent der Arbeitsplätze mit Schwerbehinderten zu besetzen (Ausgleichsabgabe bei Nichtbesetzung)
	ab 21	• Drei Betriebsratsmitglieder • Mitbestimmung des Betriebsrats bei Einstellungen, Umgruppierungen, Versetzungen, Kündigungen • Betriebsänderungen (insbes. Personalabbau) sozialplanpflichtig • Anzeigepflicht bei Entlassung von mehr als fünf Arbeitnehmern • Erleichtertes Umlageverfahren für die Lohnfortzahlung im Krankheitsfall entfällt
	ab 51	• Fünf Betriebsratsmitglieder
	ab 101	• Bildung eines Wirtschaftsausschusses; dieser ist über wirtschaftliche Angelegenheiten zu unterrichten
	ab 151	• Sieben Betriebsratsmitglieder
	ab 301	• Neun Betriebsratsmitglieder • Bezahlte Freistellung mindestens eines Betriebsratsmitgliedes von der Arbeit
	ab 501	• GmbH muß Aufsichtsrat mit Arbeitnehmerbeteiligung bilden
	ab 601	• Elf Betriebsratsmitglieder (mindestens zwei Freistellungen)
	ab 1001	• Fünfzehn Betriebsratsmitglieder (mindestens drei Freistellungen) • Betriebsrat kann Aufstellung von Auswahlrichtlinien für Einstellungen, Versetzungen, Kündigungen verlangen • Montanmitbestimmungsgesetz von 1951 wird in bestimmten Betrieben wirksam
	ab 2001	• Siebzehn Betriebsratsmitglieder (mindestens vier Freistellungen) • MitbestG von 1976 wird in Betrieben mit bestimmter Rechtsform wirksam (Ausnahme: Montan-Betriebe)

freien Arbeitstag haben als sonnabends. Auch *Nell-Breuning* hat die Samstagsarbeit nicht ausgeschlossen, da hiermit ja nicht unterstellt werde, der Mitarbeiter müsse nun wieder an jedem Tag in der Woche arbeiten.

- Zweitens läßt sich mit einer auf den Sonnabend ausgedehnten Anlagennutzungs- und Betriebszeit die Kapazität bei Bedarf besser auslasten, so daß Rentabilität und Arbeitsplatzsicherheit positiv beeinflußt werden.[23]
- Drittens ist Samstagsarbeit weit weniger schädlich als Nachtschichtarbeit, die sich damit unter Umständen sogar reduzieren läßt.
- Viertens gibt es Arbeitnehmer, die gerne drei Wochen von Montag bis Samstag arbeiten, jede vierte Woche jedoch gänzlich frei haben – und das bei nahezu gleichem Entgelt (Monatsteilzeitarbeit).

Schließlich ist zu berücksichtigen, daß einige der im Ausland praktizierten Modelle, wie die 36-Stunden-Woche mit drei Tagen und die Sieben- oder Achttagewoche in Deutschland zur Zeit unter anderem deshalb nicht realisierbar sind, weil sie entweder die höchstzulässige Tagesarbeitszeit von zehn Stunden (§ 4 Abs. 3 AZO) überschreiten oder gegen das Verbot der Sonntagsarbeit verstoßen, sofern sie sich nicht auf eine der Ausnahmeregelungen der Gewerbeordnung (§§ 105c ff.) stützen können.[24] Auch wird der Übergang zur Teilzeitarbeit bei höheren Einkommensgruppen wegen der erwähnten höheren Beiträge des Arbeitgebers zur Kranken- und Rentenversicherung (vgl. oben S. 17f.) weiter erschwert.

Zusätzlich eingeschränkt wird die flexible Handhabung der Arbeitszeit bei schwankendem Arbeitsanfall durch die versicherungsrechtlichen Probleme, die bei drei Wochen überschreitenden Freizeitintervallen und dem dann erlöschenden Krankenversicherungsschutz auftreten können. Zwar kann das Sparkassenmodell (kontinuierliche Entgeltzahlung) hier Abhilfe schaffen, doch erhält der Arbeitnehmer dann kein Krankengeld, wenn er in der Blockfreizeit erkrankt. Auch bei der Arbeitslosenversicherung läßt sich der Versicherungsschutz bei Freizeitintervallen, die länger als vier Wochen dauern, nur durch kontinuierliche Entgeltzahlungen sichern. Bei der Rentenversicherung dürfen die Freizeitintervalle knapp zwei Kalendermonate nicht überschreiten, soll verhindert werden, daß die Blockfreizeit bei der Anrechnung der Beitragszeiten entfällt. Bei längeren Freizeitintervallen müßte der Beschäftigte freiwillige Beiträge zur gesetzlichen Rentenversicherung entrichten, um seinen Versicherungsschutz nicht zu gefährden.[25]

Hier scheint ein Blick über die Landesgrenzen nützlich, denn viele Möglichkeiten, die politisch-rechtlichen Rahmenbedingungen zu lockern und damit die Arbeitszeitflexibilisierung zu erleichtern, werden im europäischen Ausland bereits erfolgreich genutzt. Bemerkenswert sind beispielsweise die Versuche der belgischen Regierung, Experimente wie flexible Arbeitszeitmodelle dadurch zu fördern, daß gesetzliche und tarifliche Beschränkungen von Lage und Dauer der Arbeitszeit (Wochenendschichten, Samstagsarbeit, Kurzschichten) vorübergehend gelockert werden. Auf diesem Weg hofft das besonders exportabhängige Land, wieder leichter mit der internationa-

---

[23] *Fritz* (30. 3. 1985), S. 13.
[24] *Linnenkohl/Rauschenberg/Utes* (1983), S. 649 ff.
[25] *Landenberger* (1984), S. 21 ff., S. 35 ff., S. 57 ff.

len Konkurrenz wetteifern zu können. Und in Frankreich, Dänemark und Schweden dürfen die Betriebe die Wochenarbeitszeit im Jahresdurchschnitt variieren und haben einen größeren Dispositionsspielraum bei den Überstunden. In den Niederlanden ermöglicht es die tarifvertragliche Jahresarbeitszeitregelung den Betrieben, die tägliche, wöchentliche oder jährliche Arbeitszeit mit Hilfe von Freischichten großzügig zu varriieren. Jahresarbeitszeitregelungen sind auch in Italien und Finnland im Gespräch.

Vorbilder für eine erfolgreiche Lockerung der politisch-rechtlichen Restriktionen gibt es also in Europa schon genug.[26] Aber auch in Japan wird die Arbeitszeit künftig flexibler gestaltet werden: So wird für Frauen unter bestimmten Umständen die Nachtarbeit zulässig sein und einmal pro Monat darf an mehr als sechs Tagen gearbeitet werden. Außerdem soll die Arbeitszeit, die bisher maximal achtundvierzig Wochenstunden beträgt, von den Betrieben vorübergehend auf vierundfünfzig Stunden erhöht werden dürfen. Diese Mehrarbeit soll jedoch weder die Tages- noch die Wochenarbeitszeit wesentlich ändern, sondern durch entsprechende Freischichten abgegolten werden.[27]

---

[26] o.v. (11. 2. 1985), S. 2.
[27] o.V. (15. 3. 1985), S. 13.

G. Perspektiven der Flexibilisierung

Zum Abschluß unserer Studie wollen wir die zukünftigen Chancen flexibler Arbeit abschätzen. Wir werfen daher zunächst einen Blick auf die Mitarbeiterinteressen, anschließend auf die überall wahrnehmbaren Bemühungen, den flexiblen Gehalt individualisierter Arbeitszeitmodelle einzuschränken.

I. Mitarbeiterinteressen

1984 dürften in der Bundesrepublik Deutschland ungefähr zehn Prozent aller Erwerbstätigen, also etwa 2,7 Millionen Arbeitnehmer sozialversicherungspflichtige oder beamtete Teilzeitkräfte mit einer Arbeitszeit zwischen fünfzehn und fünfunddreißig Stunden sein,[1] während nach recht vagen Schätzungen zwanzig bis dreißig Prozent aller Erwerbstätigen mit Gleitzeit arbeiten.

1983 suchten im Jahresdurchschnitt nur 10,9 Prozent aller Arbeitslosen (246000) eine Teilzeitstelle,[2] wobei aber sicher unterstellt werden kann, daß darüber hinaus weitere Arbeitslose bereit wären, eine Teilzeitbeschäftigung anzunehmen. Nach verschiedenen nur begrenzt miteinander vergleichbaren Untersuchungen (1978 bis 1981) schwankt die Gesamtzahl der Teilzeitsuchenden zwischen fünf und neun Millionen.[3]

Bisher vorliegende Erfahrungen mit der Einführung flexibler Arbeitszeit lassen jedoch vermuten, daß diese Schätzungen aus zwei Gründen ziemlich unrealistisch sind:

- Erstens ist das in unverbindlichen Befragungen bekundete Interesse der Arbeitnehmer an kürzeren beziehungsweise flexiblen Arbeitszeiten kein verläßlicher Indikator ihres tatsächlichen zukünftigen Verhaltens. Die Ergebnisse solcher Umfragen bieten also keinerlei Gewißheit, daß die Arbeitnehmer später wirklich bereit sind, ohne Lohnausgleich kürzer zu arbeiten. Ein zutreffendes Bild gibt eher die bescheidene Resonanz, die das Angebot flexibler Arbeitszeiten in vielen Betrieben zur Zeit findet: So fällt auf, daß selbst in Unternehmen, die innovativ flexibilisieren, nach groben Schätzungen oft nur fünf Prozent der Belegschaft tatsächlich flexibel arbeiten. Die gelegentlich nachweisbaren weit höheren Quoten (*Landert Motoren AG:* über 90%, *Interflex GmbH:* über 30%, *Klöckner-Moeller:* etwa 10% sowie hohe Quoten in Großbetrieben des Einzelhandels) bilden eher die Ausnah-

---

[1] *Burian/Hegner* (1984), S. 8ff.
[2] *iwd* (1984), 39, S. 1.
[3] *Vilmar* (1983), S 57; *Jungblut* (9. 9. 1983), S. 25ff.

me. So dürfte sich gegenwärtig selbst bei weiblichen Arbeitskräften kaum eine zehn Prozent weit übersteigende Teilzeitquote verwirklichen lassen, bei männlichen Arbeitnehmern dagegen wesentlich weniger. Es ist eben nicht von der Hand zu weisen, daß der größere Teil der an der Flexibilisierung interessierten Arbeitnehmer eher für eine veränderte Lage, denn eine verkürzte Dauer ohne Lohnausgleich plädiert, also beispielsweise zwar für Gleitzeit, aber nicht für Teilzeitarbeit. Nicht vernachlässigt werden sollte aber auch die beachtliche Minderheit der Beschäftigten in Höhe von etwa zehn bis fünfzehn Prozent, die eine Wochen- oder Lebensarbeitszeitverlängerung oder höhere Einkommen anstelle längerer Freizeit bevorzugen (vgl. auch *Abb. 3*, S. 9).

- Zweitens wird gern übersehen, daß der Stellenwert der Arbeitszeit vergleichsweise zu anderen betriebs- oder aufgabenspezifischen Aspekten für den Mitarbeiter nicht so hoch ist, wie vielfach vermutet wird. Die relativ große Zufriedenheit der Belegschaften mit der Arbeitszeitgestaltung schließt allerdings nicht aus, daß sie bestimmte Formen der Flexibilisierung wie Gleitzeit, Tauschbörsen und Langzeiturlaub sehr begrüßen und auch verwirklicht haben möchten und daß sich dadurch sicher auch ihre Arbeitsfreude positiv beeinflussen läßt (vgl. auch oben S. 21ff.).

Beispielsweise hatten die Belegschaften verschiedener Betriebe in einer Untersuchung des *Fraunhofer-Instituts*,[4] deren Ergebnisse jedoch nicht verallgemeinert werden können, unter zehn vorgegebenen Items eine Auswahl von drei Präferenzen zu treffen, die ihnen bei der Wahl einer Arbeitsstelle wichtig erschienen und in eine Rangreihe zu bringen. Gleichermaßen war mit den drei unwichtigsten Punkten zu verfahren. Außerdem sollte angekreuzt werden, wie wichtig die Arbeitszeit im Vergleich zu anderen betriebs- oder arbeitsspezifischen Aspekten empfunden werde. Wie *Abb. 12* erkennen läßt, hat die Arbeitszeit vergleichsweise zur Arbeitsplatzsicherheit, Bezahlung und zum Betriebsklima nur untergeordnete Bedeutung. In einer eigenen, mit Diplomanden durchgeführten Befragung von über hundert Mitarbeitern der *geka-brush GmbH* in Bechofen (1985)[5] rangierte der Aspekt „günstige Regelung der Arbeitszeit" im Vergleich zu anderen Gesichtspunkten (je nach gewählter Auswertungsmethode) erst an siebter bzw. achter Stelle von insgesamt zehn möglichen Rangplätzen. In beiden Untersuchungen waren den Arbeitnehmern die Sicherheit des Arbeitsplatzes, gute Bezahlung und gutes Betriebsklima am wichtigsten. Trotzdem sprachen sich in beiden Befragungen Teile der Belegschaft für eine Änderung der Arbeitszeit aus, allerdings primär für eine Flexibilisierung der Lage, weniger dagegen für Teilzeitarbeit.

Welche erstaunlichen Konsequenzen das Zusammentreffen dieser zwei Faktoren in Verbindung mit den erwähnten Restriktionen im Einzelfall haben kann, wenn ein Betrieb Teilzeitarbeit einführen will, läßt das Projekt des *Fraunhofer-Instituts*[6] erkennen: Von 278 Arbeitnehmern waren nur etwa elf Prozent an Teilzeitarbeit auf Probe (bevorzugt zwischen sechsundzwanzig und zweiunddreißig Stunden) interessiert. Die ablehnende Haltung wurde vor allem mit finanziellen Erwägungen begründet (Höhe des gegenwärtigen Einkommens, der zu erwartenden Rente sowie der Arbeitslosenunterstützung bei Verlust des Arbeitsplatzes). Im Verlaufe der Einführung dieses Teilzeitprojektes reduzierte sich dann die Zahl der ursprünglichen Interessenten um etwa ein Drittel, weil der Lohn zum Lebensunterhalt nicht ausreiche, die Arbeitsin-

---

[4] *Fraunhofer-Institut für Arbeitswirtschaft und Organisation* (1985), S. 21ff.
[5] *Brusberg* (1986); *Feuerlein* (1985); *van Loosen* (1985).
[6] *Fraunhofer Institut für Arbeitswirtschaft und Organisation* (1985), S. 11ff., S. 152f. und S. 179.

Abb. 13: Stellenwert der Arbeitszeit für den Arbeitnehmer im Vergleich zu anderen betriebs- und aufgabenspezifischen Aspekten

Präferenzen der Beschäftigten für eine Arbeitsstelle (Mehrfachantworten möglich):					
wichtig für eine Arbeitsstelle	N	%	unwichtig für eine Arbeitsstelle	N	%
1. Gute Bezahlung	164	59	1. Leichte Arbeit	114	41
2. Sicherer Arbeitsplatz	121	43,5	2. Aufstiegsmöglichkeiten	50	18
3. Gutes Betriebsklima	91	32,7	3. Günstige Arbeitszeit	37	13,3

Stellenwert der Arbeitszeit im Vergleich zu anderen arbeits- und betriebsspezifischen Aspekten:

	wichtiger ←		→ wichtiger
Gesicherter Arbeitsplatz	89,5		Günstige Arbeitszeit
Gute Bezahlung	81,5		Günstige Arbeitszeit
Gutes Betriebsklima	78,3		Günstige Arbeitszeit
Guter Vorgesetzter	77,0		Günstige Arbeitszeit
Gute Sozialleistungen	74,9		Günstige Arbeitszeit
Interessante Tätigkeit	72,8		Günstige Arbeitszeit
Kurzer Anfahrtsweg	52,2		Günstige Arbeitszeit
Gute Aufstiegsmöglichkeiten		59,4	Günstige Arbeitszeit
Leichte Arbeit		68,6	Günstige Arbeitszeit

Quelle: *Fraunhofer-Institut für Arbeitswirtschaft und Organisation* (1985).

tensität als zu hoch empfunden wurde oder der Grund für die Teilzeitarbeit entfiel. Ein weiteres Drittel der Teilzeitinteressenten kam nicht zum Zuge, weil die Betriebe während der Projektlaufzeit keine entsprechenden Stellen anbieten konnten. So arbeiten nach Abschluß des Modellversuchs schließlich nur noch 2,2 Prozent der Projektteilnehmer auf einem Teilzeitarbeitsplatz.

II. Behinderungsstrategien

Nicht nur die tatsächlichen Interessen der Mitarbeiter sowie die betrieblichen, arbeitsmarktbedingten und politisch-rechtlichen Erschwernisse stehen einer umfassenden Verbreitung individualisierter Arbeit entgegen. Hinderlich sind vielmehr auch die vielfältigen Versuche, flexible Arbeitszeiten in Mißkredit zu bringen oder zu denaturieren. Die Tarifvereinbarungen von 1984 in der Metall- und Druckindustrie und die Diskussion über Teilzeitarbeit, Abrufverträge, Samstagsarbeit, Job sharing oder Telearbeit lassen diese Bestrebungen deutlich erkennen.

II. Behinderungsstrategien

Desavouiert wird die Individualisierung der Arbeit von ihren Gegnern dadurch, daß sie ihre Argumentation am ungünstigsten Fall einer spezifischen Variante orientieren und gleichzeitig den offensichtlichen Nutzen flexibler Arbeit für Mitarbeiter wie Gesellschaft unterbewerten.[7] Denaturiert wird die Idee der Flexibilisierung insofern, als Vorschläge entwickelt oder realisiert werden, die darauf hinauslaufen, einzelne Arbeitszeitmodelle oder das ganze System durch übertriebenen Arbeitnehmerschutz des flexiblen Gehalts und der Attraktivität für die Betriebe zu berauben – ein Phänomen, das ja von den Sozialgesetzen her hinreichend bekannt ist.[8] Am Beispiel der versuchten Kompetenzausweitung des Betriebsrates, des Kündigungsschutzes und der sozialversicherungsrechtlichen Absicherung sollen diese Bestrebungen etwas näher dargestellt werden. Auf weitere Tendenzen, beispielsweise den Versuch, durch Teilzeitarbeit eventuell erzielte Produktivitätsgewinne „abzuschöpfen",[9] Überstunden von Teilzeitkräften wie bei Vollzeitbeschäftigten zu vergüten[10] oder die zunehmende Denaturierung der Partnerteilzeitarbeit durch Verzicht auf jede Vertretungsverpflichtung soll nur ergänzend hingewiesen werden.

a) Kompetenzausweitung

Schon eingangs wurde erwähnt, es sei erklärtes Ziel der Gewerkschaften, den Einfluß der Betriebsräte über deren Mitwirkung bei der Arbeitszeitgestaltung offiziell oder inoffiziell zu vergrößern. Deshalb ist es den Gewerkschaften ein Dorn im Auge, daß die Arbeitnehmervertretung nach dem Betriebsverfassungsgesetz bei individuellen Arbeitszeitvereinbarungen mit einzelnen Arbeitskräften ebenso wenig mitwirken darf wie bei individuellen Verlängerungen, Verlagerungen oder anderen Veränderungen der vertraglich vereinbarten Teilzeitarbeit. Das gilt natürlich auch für die individuelle Regelung der Arbeitszeit von Teilzeitpartnern beim Job sharing. Die Mitwirkungsberechtigung nach § 87 Abs. 1 Ziff. 2 BetrVG entfällt hier, weil keine „kollektiven" Tatbestände vorliegen.[11]

Übersehen wird dabei jedoch erstens, daß das *Bundesarbeitsgericht* den Begriff der generellen Regelung bereits stark ausgedehnt hat. So wird er teilweise schon auf kleinste von der Teilzeitarbeit betroffene Gruppen angewandt,[12] was zumal immer dann gilt, wenn die Umstellung nicht ausschließlich auf Wunsch des Arbeitnehmers erfolgt, sondern beispielsweise aufgrund einer von der Personalabteilung geplanten organisatorischen Veränderung. Dieses Mitwirkungsrecht entfällt nur dann, wenn Fragen der Teilzeitarbeit schon im Manteltarifvertrag geregelt sind.

Zweitens wird bei dieser Argumentation übergangen, daß die Belegschaft an einer noch intensiveren Mitwirkung des Betriebsrates bei der Flexibilisierung der Arbeitszeiten solange nicht interessiert sein kann, solange die Arbeitnehmervertretung eher

---

[7] *Krüger* (1985), S. 355, demonstriert dies anschaulich am Beispiel der Telearbeit.
[8] *Beyer,* Personalwirtschaft, Teil 1 (1986), Kapitel D.
[9] *Brötz* (1983), S. 490f.; *Hoff,* Job sharing (1981), S. 553; Gewerkschaften (1981), S. 11ff.
[10] o. V. (11. 12. 1984), S. 13.
[11] *Glaubrecht* (1983), S. 338ff.
[12] *Eich* (1982), S. 10.

für eine kollektiv verordnete denn für eine individuelle, betrieblichen wie menschlichen Interessen weit besser dienende Flexibilisierung der Arbeit eintritt, den Konflikt mit ihrer „dreifachen Loyalität" also nicht besser als bisher zu lösen vermag.

b) Kündigungsschutz

Ebenso häufig wie über die angeblich mangelnde Interessenvertretung wird über einen unzureichenden Kündigungsschutz speziell von Teilzeitkräften geklagt. Nun ist zwar beim Job sharing eine automatische „partnerschaftsbedingte" Kündigung ohnehin unzulässig (§ 5 Abs. 2 BeschFG 1985). Doch ist immerhin hier wie bei jeder Teilzeitkraft unter Umständen eine betriebsbedingte Kündigung nach Maßgabe des Kündigungsschutzgesetzes möglich. Aus der Tatsache, daß bei der dann vorgeschriebenen Sozialauswahl auch das Kriterium des Zweitverdienstes herangezogen werden kann, leiten nun die Kritiker der Arbeitszeitflexibilisierung die These ab, teilzeitarbeitende Frauen (sowie Teilzeitpensionäre) unterlägen als Zweitverdiener der Familie einem überdurchschnittlich hohen Kündigungsrisiko.[13] Doch werden auch bei dieser Argumentation zwei wesentliche Zusammenhänge übersehen:

- Erstens setzt eine „sozial gerechtfertigte" Kündigung bekanntlich voraus, daß dringende betriebliche Erfordernisse eine Weiterbeschäftigung nicht erlauben. Schon hier ist aber durchaus denkbar, daß Teilzeitkräfte leichter an anderen Arbeitsplätzen einsetzbar sind als Vollzeitkräfte, so daß eine betriebsbedingte Kündigung nicht gerechtfertigt ist.
- Zweitens ist der am wenigsten schutzwürdige, also „sozial stärkste" Arbeitnehmer auszuwählen, wobei neben dem Kriterium des Doppelverdienstes viele andere Gesichtspunkte, wie Alter, Betriebszugehörigkeit, bestehende Unterhaltspflichten, Chancen auf dem Arbeitsmarkt, maßgebend sind. Da sich diese Kriterien weder verbindlich werten lassen noch ein spezifischer Aspekt als dominant angesehen werden darf, ist durchaus denkbar, daß Teilzeitkräfte wegen eines höheren Alters, geringerer Chancen auf dem Arbeitsmarkt, bestehender Unterhaltsverpflichtungen und der längeren Betriebszugehörigkeit trotz ihres Doppelverdienstes schutzwürdiger sind als Vollzeitkräfte. Hoch ist das Kündigungsrisiko solcher Doppelverdiener je nach Betriebsvereinbarung nur dann, wenn sie auch nach zumutbarer Umschulung nicht anderweitig einsetzbar und – vergleichsweise zu den übrigen Arbeitnehmern – sehr jung sind, wenn die Dauer ihrer Betriebszugehörigkeit kurz ist, ihr Ausbildungsstand gering ist, Unterhaltsverpflichtungen nicht bestehen und wenn sie ledig sind. Aber was ist dagegen einzuwenden, daß alleinverdienende Voll- und Teilzeitkräfte einen größeren Kündigungsschutz genießen als solche Teilzeitkräfte, die aus mehreren Gründen sozial weniger schutzwürdig sind?

---

[13] Vgl. hierzu *Conradi* (1982), S. 15.

c) Sozialversicherungsschutz

Als dritter typischer Problemkreis der gegenwärtigen Diskussion um tatsächliche oder vermeintliche Nachteile und Gefahren der Arbeitszeitflexibilisierung ist der Sozialversicherungsschutz zu erwähnen.

Gewiß ist den Kritikern individueller Arbeit zuzustimmen, daß der Sozialversicherungsschutz bei Teilzeitarbeit gegebenenfalls beeinträchtigt ist. Zu erwähnen ist beispielsweise die Tatsache,[14] daß

- bei geringfügiger oder kurzfristiger Beschäftigung kein Versicherungsschutz in der gesetzlichen Krankenversicherung besteht oder daß sich aus dem Nebeneinander von Teilzeitbeschäftigung und Rente Probleme mit dem Krankenversicherungsschutz ergeben können,
- die Leistungen der Rentenversicherung entsprechend dem verminderten Einkommen der Teilzeitkräfte sinken,
- ein Arbeitnehmer, sofern er mit einem bisherigen Vollzeiteinkommen oberhalb der Beitragsbemessungsgrenze zur Teilzeitbeschäftigung unterhalb der Beitragsbemessungsgrenze überwechselt, mehr als die Hälfte seines bisherigen Pflichtbeitrages zur Rentenversicherung entrichten muß,
- sich bei Übergang zur Teilzeitbeschäftigung die Höhe eines eventuell beanspruchten Arbeitslosengeldes vermindert,
- eine frühere Vollzeitbeschäftigung einem vor seiner Arbeitslosigkeit Teilzeitbeschäftigten nicht zugute kommt, wenn die Phasen höheren Einkommens nicht in den Bemessungszeitraum fallen,
- sich Blockfreizeiten über vier Wochen nachteilig auf die Erfüllung der Anwartschaft und damit den Anspruch auf Arbeitslosengeld, Freizeitintervalle von über drei Wochen auch auf den Krankenversicherungsschutz auswirken,
- bei Krankheit in der Blockfreizeit kein Krankengeld gezahlt wird,
- der Versicherungsschutz in der Rentenversicherung beeinträchtigt wird, sofern die Teilzeitkraft pro Monat nicht wenigstens einen Tag entgeltlich (versicherungspflichtig) beschäftigt war.

Um diese tatsächlichen oder vermeintlichen Nachteile zu vermeiden, werden entsprechende Veränderungen des Sozialversicherungsschutzes vorgeschlagen. So wird beispielsweise empfohlen, die für die Arbeitslosenversicherung maßgebende Geringfügigkeitsgrenze auf fünfzehn Wochenstunden herabzusetzen oder eine Mindeststundenzahl tarifvertraglich verbindlich zu vereinbaren, die die sozialversicherungsrechtlichen Grenzen berücksichtigt.[15] (In einem Einzelhandelsgroßbetrieb sind derartige Restriktionen auch schon in die unter Mitwirkung der Gewerkschaft zustandegekommene Betriebsvereinbarung eingegangen.[16]) Der Gesetzentwurf der *SPD-Bundestagsfraktion* von 1984 sah gar vor, die Geringfügigkeitsgrenzen in der Sozialversicherung ganz zu streichen.

---

[14] Zu den Einzelheiten vgl. *Landenberger* (1984); *Schüren* (1984).
[15] *Schanz* (1984), S. 225; *Hoff,* Gewerkschaften (1981), S. 16f.
[16] *Hoff,* Gewerkschaften (1981), S. 22f.

Nun läßt sich leicht fordern, den Sozialversicherungsschutz auch auf geringfügige Teilzeitarbeit auszudehnen beziehungsweise die Geringfügigkeitsgrenzen in der Sozialversicherung ganz zu streichen, wenn man die Frage der Finanzierbarkeit ausklammert. Andernfalls würde nämlich schnell erkennbar, daß eine stark wachsende krankenversicherungspflichtige Teilzeitarbeit die Krankenversicherung in erhebliche Schwierigkeiten bringen muß. Hinzu kommt, daß der Gesetzgeber das Schutzbedürfnis geringfügig beschäftigter Teilzeitkräfte in bezug auf Lohnfortzahlung, Sozialversicherung und Kündigung aufgrund ihrer spezifischen Interessenlage, ihres größeren Einflusses auf die eigene Arbeitszeit sowie ihrer häufig nicht so großen Abhängigkeit von den Einkünften aus Teilzeitarbeit verständlicherweise geringer bewertet als bei den übrigen Teilzeitkräften.[17]

Außerdem wird bei dieser Kritik verschwiegen, daß sich erstens viele der denkbaren Nachteile durch eine entsprechende vertragliche Gestaltung der Teilzeitarbeit vermeiden lassen, daß zweitens Teilzeitarbeit gegenüber der Vollzeitarbeit auch bevorzugt wird und daß sie drittens für viele Menschen weitere Vorteile haben kann:

- Erstens lassen sich die sozialversicherungsrechtlich tatsächlich unerwünschten Folgen längerer Freizeitintervalle durch das schon erwähnte Sparkassenmodell (kontinuierliche Entgeltzahlungen) bzw. freiwillige Beiträge zur gesetzlichen Kranken- und Rentenversicherung vermeiden. Der fehlende Krankenversicherungsschutz bei geringfügiger oder kurzfristiger Beschäftigung ist ebenfalls relativ unproblematisch, da die Teilzeitkräfte in der Regel über die Familienversicherung mitversichert sind. Diese Anpassungsmöglichkeiten entbinden natürlich nicht von der Verpflichtung, über die Zweckmäßigkeit der derzeit geltenden Geringfügigkeitsgrenzen bei Teilzeitbeschäftigung nachzudenken und sie wenigstens zu vereinheitlichen, wenn nicht gar zu reformieren. Das gilt auch für den Bemessungszeitraum von im allgemeinen zwanzig Tagen für die Höhe des Anspruchs auf Arbeitslosenversicherung.[18]
- Zweitens erwerben schon heute Teilzeitkräfte, die zum Beispiel nur zwanzig Wochenstunden arbeiten, den gleichen (vollen) Krankenversicherungsschutz wie Vollzeitkräfte. Wenn aber bei Krankheit Sachleistungen unabhängig von der Beitragshöhe nach dem Bedarfsprinzip gewährt werden, sind Teilzeitkräfte gegenüber Vollzeitkräften begünstigt – und zwar zu deren Lasten.[19] Für die Krankenkasse sind sie damit teurer als Vollzeitkräfte. Auch bei der Rentenversicherung können solche Bevorzugungen von Teilzeitkräften zu Lasten der Versicherungsgemeinschaft auftreten.[20]

Nach einer Modellstudie des baden-württembergischen Finanzministeriums[21] entstehen schon jetzt durch die bisher zur Entlastung des Arbeitsmarktes praktizierte Teilzeitarbeit in Verbindung mit der vorübergehenden Beurlaubung von Beamten jährliche Haushaltsmehrbelastungen bei der Versorgungslast von einer Milliarde DM. Diese erheblichen finanziellen Beanspruchungen der Haushalte der Bundesländer begrenzen den Spielraum zur Ausweitung der Teilzeitbeschäftigung im öffentlichen Bereich, etwa bei Lehrern, wesentlich.

---

[17] *Reuter* (1981), S. 206.
[18] *Landenberger* (1984), S. 64 ff.
[19] *Gaddum* (31. 8. 1983), S. 13.
[20] *Landenberger* (1984), S. 66.
[21] o. V. (12. 10. 1985), S. 1.

- Drittens ist Teilzeitbeschäftigung für alle Arbeitnehmer attraktiv, die keine Vollzeitarbeit leisten können oder die die Chance nutzen wollen, durch Teilzeitarbeit einen Anspruch auf eine Altersrente zu erwerben und die erforderlichen Wartezeiten zu erfüllen, vor allem die „kurze Wartezeit" beim regulären Altersruhegeld ab fünfundsechzig Jahren oder bei Berufs- und Erwerbsunfähigkeit.[22] Auf weitere Vorteile der Teilzeitarbeit, beispielsweise für solche Berufsanfänger, die andernfalls keine Beschäftigung finden würden, wurde bereits oben hingewiesen.

Zusammenfassend ist festzuhalten, daß von den verschiedenen Formen flexibler Arbeit, zumal wenn ihnen die innovative Komponente fehlt, kurzfristig kaum wesentliche gesellschaftliche Beschäftigungswirkungen oder ein beachtlicher Anstieg betrieblicher Teilzeitquoten erwartet werden können. Dabei spielt natürlich auch eine Rolle, daß selbst die Arbeitslosen nur begrenzt an Teilzeitarbeit interessiert sind, weil sie dank der relativen Höhe von Arbeitslosenversicherung und Sozialhilfe in Verbindung mit prosperierender Schattenwirtschaft finanziell nicht selten besser gestellt sind als Teilzeitkräfte.[23] Hinzu kommt, daß viele Mitarbeiter mit ihrer Arbeitszeit recht zufrieden sind und eher für eine veränderte Lage denn eine kürzere Dauer ohne Lohnausgleich plädieren. Da die Gegner der Flexibilisierung sich auch noch darum bemühen, diese zu desavouieren und zu denaturieren, wird das ohnehin bescheidene Interesse der Betriebe an der Flexibilisierung nicht gerade gefördert.

Wenn sich langfristig aus der Arbeitszeitflexibilisierung trotzdem Beschäftigungswirkungen ableiten lassen, dann aus ganz anderen als den in der Diskussion immer angeführten Gründen. Eine umfassende innovativ-flexible Gestaltung der Arbeitszeiten wirkt in die gleiche Richtung wie technischer Fortschritt: Durch höhere Flexibilität und Effizienz werden die Betriebe konkurrenzfähiger und die Arbeitsplätze sicherer, Wachstum und Beschäftigung werden positiv beeinflußt. Doch bis dahin ist es noch ein langer Weg.

---

[22] *Landenberger* (1984), S. 5ff.
[23] *Bundesarbeitgeberverband Chemie* (1983), S. 13.

H. Drei Thesen zur Flexibilisierung

Die Ergebnisse unserer Studie lassen sich zu folgenden drei Thesen verdichten:

These 1: Der innovativen Flexibilisierung gehört die Zukunft, denn sie ist ein Schritt auf dem Weg zu einer humanen Effizienz.

Nur innovative Formen flexibler Arbeitszeiten sind tatsächlich eine Neuerung, die Mitarbeitern, Betrieben und Gesellschaft gleichermaßen dienen kann: Erstens ist sicher, daß individuelle Arbeits- und Freizeitregelungen immer humaner sind als kollektive. Zweitens sind innovativ-flexible Arbeitszeiten prinzipiell überall realisierbar und haben sich in Pionierunternehmen des In- und Auslands bereits bewährt. Drittens steht fest, daß Mitarbeiter, Führungskräfte und Betriebsräte solchen kreativen Lösungen um so eher zustimmen, je mehr Erfahrungen sie damit bereits sammeln konnten.

Die von Kritikern einseitig betonten Nachteile flexibler Arbeit beruhen auf ungeeigneten Modellen und Einführungsstrategien oder einer zu kurzfristigen und unvollständigen Untersuchung ihrer Konsequenzen. Die Auswirkungen der Arbeitszeitflexibilisierung auf das betriebliche Gleichgewicht und die Gesellschaft lassen sich jedoch nur langfristig beurteilen, wobei ihre Vor- und Nachteile in wechselnden Situationsbedingungen sorgfältig gegeneinander abzuwägen sind. Die bisher erkennbaren und durchaus lösbaren Umsetzungsprobleme rechtfertigen es jedenfalls nicht, den humanitären und produktiven Kern dieser kreativen Idee und damit den Gedanken der humanen Effizienz insgesamt zu desavouieren.

These 2: Die neuen Arbeitszeitvereinbarungen von 1984/85 sind ein Pyrrhussieg der Gewerkschaften, der Humanität wie Effizienz gleichermaßen beeinträchtigt. Sie offenbaren ein Defizit an Wirtschaftsethik bei den Tarifparteien, ihre Umsetzung zugleich mangelnde Wirksamkeit des Betriebsverfassungsgesetzes.

Die Gewerkschaften haben ihr Ziel, die Wochenarbeitszeit kollektiv auf (zunächst) 38,5 Stunden zu verkürzen, nahezu vollständig erreicht, arbeitet doch in den meisten Betrieben der Druck- und Metallindustrie wie im Handwerk nur eine bescheidene Minderheit der Belegschaft tatsächlich „flexibel" im Sinne der neuen Vereinbarungen. Langfristig ist das jedoch ein Pyrrhussieg, bei dem alle verlieren: Zur Unzeit vorgenommene Arbeitszeitverkürzungen mit vollem Lohnausgleich sind gemeinwohlschädlich, lösen in den Betrieben rein effizienzorientierte Kompensationsstrategien aus (arbeitsanfallorientierte Flexibilisierung, Arbeitsintensivierung, Anrechnung der Arbeitszeitverkürzung auf bezahlte Ruhepausen, Teilzeitarbeit unterhalb der Versicherungspflichtgrenze, Leiharbeit usw.), erweitern mit ihrer mißglückten Flexikomponente die Kompetenz der Betriebsräte unzulässig und verschärfen deren Rollenkonflikte. Indem sie die innovative Flexibilisierung behindern und den Arbeitgebern die Freude an der flexiblen Gestaltung der Arbeitszeit gänzlich verleiden, sind sie ineffizient. Indem sie dem Arbeitnehmer die an sich mögliche Freiheit bei seiner individuellen Arbeitszeitgestaltung und arbeitsmedizinisch mögliche Verbesserungen vorenthalten, sind sie zugleich arbeitnehmerfeindlich und inhuman.

Aus Bequemlichkeit, Opportunismus gegenüber Betriebsrat und Gewerkschaften, fehlender flexibilitätsbezogener Risikofreudigkeit sowie mangelnder Einsicht und Solidarität haben sich die Arbeitgeber zum Handlanger einer Gewerkschaft degradieren lassen, der betriebliche wie Arbeitnehmerinteressen sowie die Wünsche der Beschäftigten nach Mitbestimmung bei der gewerkschaftlichen Arbeitszeitpolitik ziemlich gleichgültig zu sein scheinen. Das gilt auch für die vielfältig erkennbaren Sympathieverluste bei ihren eigenen Mitgliedern und der Bevölkerung. Nicht viel besser ist die Situation der Betriebsräte, die selbst durch das Betriebsverfassungsgesetz nicht gezwungen werden können, für größere zeitliche und inhaltliche Freiheit der Belegschaft am Arbeitsplatz zu kämpfen. Am Arbeitsplatz hat das Betriebsverfassungsgesetz die Nagelprobe bisher nicht bestanden; die Interessengegensätze nehmen eher zu. So bleiben dann selbst leicht realisierbare Arbeitszeitwünsche der Mitarbeiter wie die nach Gleitzeit, verbesserten Schichtsystemen oder längeren Freizeitintervallen auf der Strecke.

These 3: Expansionschancen und Beschäftigungswirkungen der Arbeitszeitflexibilisierung werden gegenwärtig bei weitem überschätzt: Zu zahlreich sind noch die Restriktionen und Probleme, zu gering ist die Innovationsbereitschaft aller Beteiligten.

Die Chancen kreativer Flexibilisierung stehen gegenwärtig schlecht, denn noch immer verhalten sich Gewerkschaften, Betriebsräte und Arbeitgeber ablehnend. Zudem erweisen sich nahezu alle Meinungsumfragen und Hochrechnungen zum möglichen Bedarf an flexibler Arbeit (speziell der Teilzeitarbeit) und deren Beschäftigungswirkungen als falsch. Betriebliche, arbeitsmarktbedingte und politisch-rechtliche Restriktionen vielfältiger Art, mangelnde Erfahrung und Innovationsbereitschaft der Führungskräfte und Betriebsräte, Existenzängste der Gewerkschaften, Beharrungstendenzen bei den Arbeitnehmern, „sozial" determinierte Denaturierungsversuche der Flexibilisierungsgegner und ein (scheinbar) fehlender Handlungszwang begrenzen ihre Expansionschancen nachhaltig. Viele Bemühungen laufen nur noch darauf hinaus, den flexiblen Gehalt zunehmend zu vermindern. Ist aber die Denaturierung der Arbeitszeitflexibilisierung erst einmal vollbracht, kann man die Idee getrost zu den Akten legen.

Gefahr droht der Flexibilisierung allerdings nicht nur von ihren Gegnern, sondern auch von den übereifrigen Vorkämpfern, die ihre Nachteile übersehen oder verschweigen, zu hohe Erwartungen haben und die relativ große Zufriedenheit vieler Arbeitnehmer mit ihrer gegenwärtigen Arbeitszeitregelung nicht wahrhaben wollen. Auch setzt Zeitautonomie am Arbeitsplatz verantwortungsfreudige Mitarbeiter und Verständnis für betriebliche Belange voraus. Flexibel arbeitende Menschen, denen private Interessen stets wichtiger sind als noch so dringende betriebliche Erfordernisse, lassen die Flexibilisierung jedoch für den Betrieb langfristig zum Risiko werden.

Und nicht immer und überall dient jede Form flexibler Arbeit dem Wohl unserer Gesellschaft: Der Ausbildung der Jugend kann sie ebenso schaden wie der Sozialversicherung, der Familie und dem Staat. Auch ist sie für den Mitarbeiter immer nur die zweitbeste Alternative, wenn es darum geht, seine Beanspruchung an besonders belastenden Arbeitsplätzen zu vermindern oder wenn die neue Autonomie nur darin besteht, die zeitliche Abhängigkeit vom Betrieb durch die Abhängigkeit von der zeitautonomen Arbeitsgruppe zu ersetzen: Zuviel Flexibilisierung, zuviel Freiheit und zuviel Zeitsouveränität sind schädlich und werden vom Arbeitnehmer auch gar nicht gewünscht. Nur innovative Lösungen sind also langfristig human und effizient.

Literaturverzeichnis

Arminger, G./Nemella, J.: Arbeitsbedingungen und Gesundheitszustand. Linz (1983).
Baer, K./Ernst, G./Nachreiner, F./Volger, A.: Subjektiv bewertete Nutzbarkeit von Zeit als Hilfsmittel zur Bewertung von Schichtplänen. In: Zeitschrift für Arbeitswissenschaft (1985), S. 169 ff.
Baer, K./Ernst, G./Nachreiner, F./Schay, T.: Psychologische Ansätze zur Analyse verschiedener Arbeitszeitsysteme. In: Zeitschrift für Arbeitswissenschaft (1981), S. 136 ff.
Beyer, H.-T.: Kompensationsstrategien bei der Wochen-Arbeitszeitverkürzung und ihr Einfluß auf die betrieblichen Führungsziele. In: Betriebswirtschaftliche Forschung und Praxis (1985), S. 71 ff.
–: Der Führungsansatz in der Betriebswirtschaftslehre. In: Die Unternehmung (1985), S. 28 ff.
–: Personalwirtschaft, Teil 1: Grundlagen der Personalarbeit. Erlangen-Nürnberg (Selbstverlag) (1986).
–: Personalwirtschaft, Teil 2: Der Mensch als Arbeitsträger (Arbeitsverhalten und Arbeitsergebnisse). Erlangen-Nürnberg (Selbstverlag) (1985).
–: Personalwirtschaft, Teil 3: Der Mensch in der Arbeitsorganisation (Interne Arbeitsbedingungen). Erlangen-Nürnberg (Selbstverlag) (1985).
–: Determinanten des Personalbedarfs. Bern (1981).
Bierig, G.: Teilzeitarbeit – wie führt man sie ein? In: Der Arbeitgeber (1984), S. 194 f.
–: Flexibler durch Teilzeitarbeit? In: Zeitschrift für Organisation (1981), S. 361 ff.
–: Teilzeitarbeit: Siemens-Untersuchung. In: Der Arbeitgeber (1980), S. 1257 ff.
Bihl, G.: Die Bedeutung flexibler Arbeitszeitsysteme – am Beispiel der Teilzeitarbeit. In: Personalführung (1982), 8 + 9, S. 186 ff.
Bilitza, U. V.: Schichtarbeit in der Chemischen Industrie. In: Zeitschrift für Betriebswirtschaft (1981), S. 80 ff.
Böckle, F.: Flexible Arbeitszeit im Produktionsbereich. Möglichkeiten und Grenzen der Modifizierung von Arbeitszeitstrukturen im industriellen Produktionsbereich unter besonderer Berücksichtigung der zeitlichen Bindung von Fertigungsabläufen. Frankfurt/Main (1979).
Bosch GmbH: Presseinformation, Stuttgart o. J. (1985).
Brinkmann, Ch.: Arbeitszeitpräferenzen: Ein Hinweis auf neue Repräsentativbefragungen. In: Mitteilungen aus der Arbeitsmarkt- und Berufsforschung (1983), 2, S. 106 ff.
Brötz, R.: Flexible Arbeitszeitregelungen am Beispiel eines multinationalen Mischkonzerns. In: WSI Mitteilungen (1983), 8, S. 480 ff.
Brusberg, A.: Die Einführung flexibler Arbeitszeiten, dargestellt am Beispiel der geka-brush GmbH. Diplomarbeit Universität Erlangen-Nürnberg, Nürnberg (1986).
Bundesarbeitgeberverband Chemie e. V. (Hg.): Flexible Teilzeitarbeit. Wiesbaden (1983).
Bundesminister für Arbeit und Sozialordnung: Teilzeitarbeit. Leitfaden für Arbeitnehmer und Arbeitgeber. Bonn (1978).
Bundesvereinigung der Deutschen Arbeitgeberverbände (Hg.): Mehr Beschäftigung durch flexible Teilzeitarbeit. Köln (1984).
Burian K./Hegner F.: Betriebliche Erfahrungen mit neuen Arbeitszeitformen. Vergleichende Auswertung empirischer Untersuchungen aus der Bundesrepublik Deutschland. Diskussionspapier II M/LMP 84-1 (Internationales Institut für Management und Verwaltung Berlin), Berlin (1984).
Carow, G.: Arbeitszeit, Schichtarbeit und menschliche Tagesrhythmik. In: Arbeit und Leistung (1972), S. 157 ff.
Casey, B.: Teilzeitarbeit nach der Lehre – ein neues Arbeitsmarktphänomen? In: Mitteilungen aus der Arbeitsmarkt- und Berufsforschung (1981).
Conradi, H.: Teilzeitarbeit. Theorie, Realität, Realisierbarkeit. München (1982).

Derschka, P./Gottschall, D.: Neuordnung der Zeit. Flexible Arbeitszeit. In: Management Wissen (1984), 11, S. 16–19, S. 21–23.
Desiderato, E. R.: Arbeitszeit nach Maß. In: Personal (1985), S. 151 ff.
Eberhardt, H.: Arbeitszeitflexibilisierung – was ist das? Beispiele für die Praxis. In: Angewandte Arbeitswissenschaft (1985), 103, S. 18 ff.
Eich, R.-A.: Das Job-sharing-Arbeitsverhältnis. In: Der Betrieb (1982), 17, Beilage 9.
Engel, P.: Der ,,Gleitende Übergang" in den Ruhestand. Arbeitszeitverkürzung für bestimmte Mitarbeitergruppen. In: *Friedrichs/Gaugler/Zander/Schneider* (1983), S. 135.
Engfer, U./Hinrichs, K./Offe, C./Wiesenthal, H.: Arbeitszeitsituation und Arbeitszeitverkürzung in der Sicht der Beschäftigten. In: Mitteilungen aus der Arbeitsmarkt- und Berufsforschung (1983), 2, S. 91 ff.
Ernst, G./Diekmann, A./Nachreiner, F.: Schichtarbeit ohne Nachtarbeit – Schichtarbeit ohne Risiko? In: Zeitschrift für Arbeitswissenschaft (1984), S. 92 ff.
Feuerlein, K.: Die Einführung flexibler Arbeitszeiten, dargestellt am Beispiel des Zweischichtbetriebs der geka-brush GmbH. Diplomarbeit Universität Erlangen-Nürnberg, Nürnberg (1985).
Fiebiger, N.: Weniger arbeiten – auch im Bildungswesen? In: FAZ (28. 7. 1984), S. 1.
Fiedler, H.: Flexible Arbeitszeitgestaltung in der Praxis. In: Fortschrittliche Betriebsführung/Industrial Engineering (1984), S. 155 ff.
Fiedler-Winter, R.: Flexible Arbeitszeiten in der Praxis. In: Blick durch die Wirtschaft (19. 4. 1984), S. 3.
Fraunhofer-Institut für Arbeitswirtschaft und Organisation (Hg.): Abschlußbericht zum Projekt Planung und Einführung flexibler Arbeitszeitmodelle. Stuttgart (1985).
Friedrichs, H./Gaugler, E./Zander, E./Schneider, J. (Hg.): Personalperspektiven 1983–1984. München (1983).
Friedrichs, W./Spitznagel, E.: Verbreitung und Beurteilung einzelner Formen der Teilzeitarbeit und ihre Expansionschancen aus Unternehmersicht. In: Mitteilungen aus der Arbeitsmarkt- und Berufsforschung (1981), 4, S. 405 ff.
Fritz, G.: Der Samstag gehört Vati. In: FAZ (30. 3. 1985), S. 13.
Fürstenberg, F./Steininger, S.: Soziale Beanspruchung bei Wechselschichtarbeit im 2-Schicht-Betrieb. In: Zeitschrift für Arbeitswissenschaft (1984), S. 222 ff.
Gaddum, W.: Die Grenzen des Machbaren. In: FAZ (31. 8. 1983), S. 13.
Gaugler, E.: Praktische Erfahrungen mit Teilzeitarbeit. In: *Friedrichs/Gaugler/Zander/Schneider* (1983), S. 115 ff.
–: Betriebswirtschaftliche Aspekte der Arbeitszeitflexibilisierung. In: Personal (1983), S. 334 ff.
–: Praktische Erfahrungen mit Teilzeitarbeit. In: Personal (1981), S. 105 ff.
Genuit, H.: Praxis der Bio-Rhythmik. Bietigheim (1977).
Gesamtmetall (Gesamtverband der metallindustriellen Arbeitgeberverbände): Flexibilisierung: Aufgabe und Chance. Köln (1984).
Glaubrecht, H.: Rechtsfragen bei der Arbeitszeitflexibilität. In: Personal (1983), S. 338 ff.
Glaubrecht, H./Wagner, D./Zander, E.: Verkürzung der Lebensarbeitszeit. In: Die Unternehmung (1985), S. 179 ff.
–: Arbeitszeit im Wandel. Freiburg/Br. (1984).
Gmelin, V.: Erfahrungen mit Job-sharing. In: Personal (1983), S. 321 f.
Grassl, G./Hindelang, O.: Wie nutzen Mitarbeiter die Gleitzeit? In: Personal (1984), S. 65 ff.
–: Schichtarbeit und Gleitzeit – geht das? In: Personal (1984), S. 97 ff.
Haller, W.: Flexible Arbeitszeiten bei Interflex. In: Personal (1983), S. 323 f.
–: Optimale Betriebszeiten. In: Personal (1981), S. 119 ff.
Hanel, E.: Das Teilzeitarbeitsverhältnis aus arbeitsrechtlicher Sicht. In: Personal (1983), S. 37 f.
Hegner, F./Landenberger, M.: Arbeitsmarkt- und Sozialpolitik im Rahmen einer zukunftsgerichteten Gesellschaftspolitik, Konsequenzen aus dem Interesse an flexibler Gestaltung der Arbeitszeit. In: Soziale Welt (1982), 1, S. 66 ff.
Held, L./Karg, P. W.: Rahmenbedingungen variabler Arbeitszeitformen. In: Betriebswirtschaftliche Forschung und Praxis (1984), 2.
–: Variable Arbeitszeit – Anspruch und Wirklichkeit. In: WSI-Mitteilungen (1983), S. 469 ff.
Hellpach, W.: Geopsyche. 2. A., Stuttgart (1965).

Hentsch, G.: Arbeitszeit und Pensionsalter. In: Personal (1982), S. 9ff.
Hillert, A.: Gleitende Arbeitszeit in der Bewährung. In: Personal (1981), S. 99ff.
Hof, B.: Vorsprung durch Flexibilisierung. Beiträge zur Wirtschafts- und Sozialpolitik 128 (Institut der deutschen Wirtschaft), Köln (1984).
Hof, B./Vajna, Th.: Arbeitszeitpolitik in der Bundesrepublik Deutschland. Köln (1983).
Hoff, A.: Arbeitszeitgestaltung: Flexibler ist besser. In: Wirtschaftswoche (1984), 6.
–: Betriebliche Arbeitszeitpolitik zwischen Arbeitszeitverkürzung und Arbeitszeitflexibilisierung. München (1983).
–: Arbeitsmarktentlastung durch Ermöglichung freiwilliger Teilzeitarbeit. In: *Kutsch/Vilmar* (1983), S. 221 ff.
–: Gewerkschaften und flexible Arbeitszeitregelungen. Diskussionspapier IIM/LM P 81-1 (Internationales Institut für Management und Verwaltung. Wissenschaftszentrum Berlin), Berlin (1981), S. 11 f.
–: Job-sharing: eine arbeitsmarktpolitische Chance. In: Wirtschaftsdienst (1981), S. 549 ff.
Hunold, W.: Nachtarbeit an der Rotationsmaschine. Eine Fallstudie. In: Personal (1980), S. 325 ff.
Industriekreditbank AG – Deutsche Industriebank (Hg.): Mitteilungen der Volkswirtschaftlichen Abteilung (1984), III, S. 16 ff.
Institut für angewandte Arbeitswissenschaft e. V.: Leitfaden zur Flexibilisierung der Arbeitszeit in der Metallindustrie. Köln (1984).
iwd: Informationsdienst des Instituts der deutschen Wirtschaft (IW), Köln (1983 bis 1985).
Jacob, H. (Hg.): Arbeitszeitverkürzung. Wiesbaden (1984).
Jagenlauf, A./Gänsicke, K.: Neue Arbeitszeit – was tun? Ratschläge an die Betriebe. In: Angewandte Arbeitswissenschaft (1985), 103, S. 35 ff.
Jungblut, M.: Der geteilte Arbeitsplatz. In: Die Zeit (3. 2. 1984), S. 26.
–: Teile und arbeite. In: Die Zeit (9. 9. 1983), S. 28 f.
Kehlert, H.-U./Tiemann, F.: Schichtarbeit im Berufsverlauf. In: Personal (1982), S. 28 ff.
Kemper, K.: Volkswagen organisiert die Arbeit. In: FAZ (19. 9. 1983), S. 13.
Klein, E.: Einführung der gleitenden Arbeitszeit bei AGFA-GEVAERT AG. In: Personal (1981), S. 114 ff.
Knauth, P./Kiesswetter, E./Schwarzenau, P.: Erfahrungen mit einer flexiblen Arbeitszeitregelung bei Dreischichtarbeitern. In: Zeitschrift für Arbeitswissenschaft (1984), S. 96 ff.
Knauth, P./Brockmann, W./Schwarzenau, P./Rutenfranz, J.: Konstruktion von Schichtplänen für kontinuierliche Arbeitsweise. In: Zeitschrift für Arbeitswissenschaft (1982), S. 24 ff.
Knauth, P./Ernst, G./Schwarzenau, P./Rutenfranz, J.: Möglichkeiten der Kompensation negativer Auswirkungen der Schichtarbeit. In: Zeitschrift für Arbeitswissenschaft (1981), S. 1 ff.
Kohl, W./Schanzenbach, D.: Wird Schichtarbeit mit Gleitzeit humaner? In: Humane Produktion. Humane Arbeitsplätze (1984), 8, S. 33 ff.
Koppe, U.: Teilzeitarbeit im Schulbereich. In: Frauen und Arbeit (1977), 4, S. 11 f.
Kreutz, H.: Vortrag: Soziologische und psychosomatische Aspekte der Arbeitszeitverkürzung. Nürnberg (5. 7. 1984).
Krüger, W.: Telearbeit – Herausforderung für Gestaltungswillen und Gestaltungsfähigkeiten. In: Die Betriebswirtschaft (1985), S. 354 ff.
Kugland, G.: Neue Formen der Arbeitszeitgestaltung bei VW: Jahresarbeitszeit, flexible Arbeitszeit und Pausendurchlauf. In: Personalwirtschaft (1984), S. 324 ff.
Kurz-Scherf, I.: Tarifliche Arbeitszeit und Lohnentwicklung im ersten Halbjahr 1985. In: WSI-Mitteilungen (1985), 9, S. 518 ff.
–: Ergebnisse und Tendenzen der Tarifrunde 1984. In: WSI-Mitteilungen (1985), 3, S. 121 ff.
Kutsch, M.: Teilzeitarbeit, (immer noch) notwendiges Übel? In: Frauen und Arbeit (1977), 4, S. 10 f.
Kutsch, Th./Vilmar, F. (Hg.): Arbeitszeitverkürzung – Ein Weg zur Vollbeschäftigung? Opladen (1983).
Lackowski, A.: Teilzeitarbeit – Ein Weg zur Flexibilisierung der Arbeitszeit – Studie über Teilzeitarbeit als Unternehmensbeitrag zur arbeitsmarktpolitischen Situation. In: *Jacob, H.* (1984), S. 143 ff.
Landenberger, M.: Flexible Arbeitszeitformen und soziale Sicherung der Beschäftigten. Diskus-

sionspapier IIM/LMP 84–17 (Internationales Institut für Management und Verwaltung. Wissenschaftszentrum Berlin), Berlin (1984).

Landert Motoren AG (Hg): Interne Unterlagen, Bülach (1984).

Lattmann, Ch.: Humanisierung der Arbeitswelt – Überlegungen zu den Zielsetzungen. Diskussionsbeiträge des Instituts für Betriebswirtschaft an der Hochschule St. Gallen. Diskussionspapier Nr. 1, St. Gallen (1983).

Lenz, H. G.: Vorsicht! Heute bin ich in Hochform. In: Blick durch die Wirtschaft (24. 8. 1982), S. 1.

Linnenkohl, K./Rauschenberg, H.-J./Utes, P.: Neugestaltung der Wochen-Arbeitszeit und Arbeitsschutz. In: Betriebs-Berater (1983), S. 645 ff.

Loewenheim, A. G.: „Vertrauen ist gut, Kontrolle ist besser." In: BetriebsWirtschaftsMagazin (1984), 11, S. 14 ff.

Löwisch, M./Schüren, P.: Aktuelle arbeitsrechtliche Fragen von Teilzeitarbeit und kürzerer Arbeitszeit. In: Betriebs-Berater (1984), S. 925 ff.

Lohmar, U.: Schöne, neue Arbeitswelt. In: Wirtschaftswoche (1985), 5, S. 60 ff.

van Loosen, R.: Die Einführung flexibler Arbeitszeiten, dargestellt am Beispiel des Dreischichtbetriebs der geka-brush GmbH. Diplomarbeit Universität Erlangen-Nürnberg, Nürnberg (1985).

Loskant, H.: Arbeitsmedizinische Kriterien für die Auswahl und Überwachung von Schichtarbeitern. In: Arbeit und Leistung (1970), 2, 3, S. 38 ff.

Mahler, A.: Der lange Weg zur kurzen Zeit. In: Manager Magazin (1985), S. 142 ff.

Meixner, H.-E.: Leistungsdisposition und periodische Einflüsse auf die Arbeit. In: VoP (1983), 5, S. 236, 238–240, 242, 245 f.

Mertens, D.: Befragungen von Arbeitnehmern über Formen der Arbeitszeitverkürzung. In: *Kutsch/Vilmar* (1983), S. 207 ff.

Michalsen, H.: Primärziele der Arbeitszeitflexibilisierung. Diplomarbeit Universität Erlangen-Nürnberg, Nürnberg (1985).

Müller-Wichmann, Ch.: Weniger Arbeit heißt noch lange nicht mehr Freizeit. In: Psychologie heute (1985), S. 60 ff.

Münstermann, J./Preiser, K.: Schichtarbeit in der Bundesrepublik Deutschland. Sozialwissenschaftliche Bilanzierung des Forschungsstandes, statistische Trends und Maßnahmeempfehlungen. Bundesminister für Arbeit und Sozialordnung (Hg.), Bonn (1978).

Nixdorf Computer AG (Hg.): Das Nixdorf-Freizeitmodell für AT-Mitarbeiter (Manuskript des Personalwesens), Paderborn (1983).

Noelle-Neumann, E.: Wir rüsten ab – im Arbeitsleben. In: FAZ (25. 1. 1985), S. 10 f.

Opaschowsky, H. W.: Arbeit. Freizeit. Lebenssinn? Orientierungen für eine Zukunft, die längst begonnen hat. Opladen (1983).

Ottmann, W./DeVol, D./Schwarzenau, P./Kylian, H./Knauth, P./Klimmer, F./Bopp, W./Rutenfranz, J.: Überlegungen zu einer ausgleichsorientierten Schichtplangestaltung bei Tätigkeiten mit unregelmäßigem Dienst. In: Zeitschrift für Arbeitswissenschaft (1985), S. 90 ff. u. S. 157 ff.

O. V.: Wochenendarbeit auch bei Beiersdorf. In: FAZ (15. 10. 1985), S. 15.

O. V.: Teilzeitarbeit und Beurlaubungen von Beamten kosten 1 Milliarde. In: FAZ (12. 10. 1985), S. 1.

O. V.: Japan will Arbeitszeiten flexibler gestalten. In: FAZ (15. 3. 1985), S. 13.

O. V.: Teilzeitarbeit erhöht die Kosten. In: FAZ (11. 3. 1985), S. 13.

O. V.: In der Chemie: Vierzig-Stunden-Woche bis 1988. In: FAZ (4. 3. 1985), S. 13.

O. V.: Samstagsarbeit genehmigt. In: FAZ (4. 3. 1985), S. 15.

O. V.: Samstagsarbeit bei Siemens. In: FAZ (28. 2. 1985), S. 15.

O. V.: Flexibilisierung der Arbeitszeit auch im Ausland. In: Blick durch die Wirtschaft (11. 2. 1985), S. 2.

O. V.: Mehr Schutz für Teilzeit-Arbeitskräfte. In: FAZ (11. 12. 1984), S. 13.

O. V.: Wunsch nach Teilzeitarbeit überraschend groß. In: FAZ (6. 11. 1984), S. 14.

O. V.: Mehr Arbeitsplätze durch verstärktes Teilzeitangebot. In: FAZ (14. 7. 1984), S. 14.

O. V.: Mit den Vorruheständlern geht auch das Know-how verloren. In: FAZ (21. 5. 1984), S. 16.

O. V.: Frührentner senken den Krankenstand. In: FAZ (30. 4. 1984), S. 13.
O. V.: Kürzere Dauernachtschicht bei voller Bezahlung. In: FAZ (27. 4. 1984), S. 17.
O. V.: Aussteigen für soziale Dienste. In: FAZ (25. 4. 1984), S. 16.
O. V.: Flexible Arbeitszeit hilft bis zur Kapazitätsauslastung. In: FAZ (14. 4. 1984), S. 17.
O. V.: Eine Regelung des Vorruhestandes vom Bundestag beschlossen. In: FAZ (30. 3. 1984), S. 1f.
O. V.: Kürzer und flexibler arbeiten. In: FAZ (16. 2. 1984), S. 17 und (23. 3. 1984), S. 18.
O. V.: Unterschiedliche Arten von „Flexibilisierung" der Arbeitszeit. In: FAZ (13. 2. 1984), S. 11.
O. V.: Subventionen fördern keine Teilzeitarbeit. In: FAZ (17. 1. 1984), S. 11.
O. V.: Weg vom Schema des Acht-Stunden-Tags. In: Der Spiegel (1984), 14, S. 115ff.
O. V.: Lockerungen. In: FAZ (5. 11. 1983), S. 25.
O. V.: Gölter: Viele Arbeitsplätze sind teilbar. In: FAZ (12. 7. 1978), S. 11.
Pegulan-Werke AG: Betriebsvereinbarung zwischen der Firma PEGULAN-WERKE AG, Frankenthal, und dem Betriebsrat, Frankenthal (4. Juni 1984).
Reszöhazy, R.: Temps social et development. Brüssel (1970).
Reumann, K.: Arbeiten müssen nur noch die Kinder. In: FAZ (28. 7. 1984), S. 10.
–: Für Beamte ist die Lebensarbeitszeit flexibler geworden. In: FAZ (15. 8. 1984), S. 1f.
Reuter, D.: Arbeitsrechtliche Aspekte neuer Arbeitszeitstrukturen. In: Recht der Arbeit (1981), S. 201ff.
Rinderspacher, J.: Der Feierabend, der keiner ist. In: Psychologie heute (1984), 8, S. 38ff.
Risse, H.: Dynamische Arbeitszeit in der Fertigung. In: Angewandte Arbeitswissenschaft (1984), 99,
Rosette, Ch.: Individuelle Arbeitszeit beim Modehaus Beck in München. In: *Friedrichs/Gaugler/ Zander/Schneider* (1983), S. 137ff.
Rudolph, J.: Die neue Heimarbeit. In: FAZ (18. 2. 1984), S. 13.
Rutenfranz, J.: Arbeitsphysiologische Aspekte der Nacht- und Schichtarbeit. In: Arbeitsmedizin. Sozialmedizin. Arbeitshygiene (1967), S. 17ff.
–: Arbeitsmedizinische Kriterien für die Beurteilung von Schichtwechselschemata. In: Neue Beiträge der Arbeitshygiene, des Arbeitsschutzes und der wissenschaftlichen Arbeitsorganisation zur Gesunderhaltung der Werktätigen. Schriftenreihe des Zentralinstituts für Arbeitsschutz, Dresden, Heft 38, Berlin (1974), S. 310ff.
Rutenfranz, J./Werner, E.: Schichtarbeit bei kontinuierlicher Produktion. Forschungsbericht 141 der Bundesanstalt für Arbeitsschutz und Unfallforschung, Dortmund. Wilhelmshaven (1975).
Rutenfranz, J./Knauth, P./Küpper, R./Romahn, R./Ernst, G.: Pilotstudie über physiologische und psychologische Konsequenzen der Schichtarbeit in einigen Branchen des Dienstleistungssektors. In: *Europäische Stiftung zur Verbesserung der Lebens- und Arbeitsbedingungen* (Hg.): Die Auswirkungen der Schichtarbeit auf Gesundheit, gesellschaftliche Bindungen und Familienleben. Dublin (1980), S. 1ff.
Rutenfranz, J./Knauth, P.: Arbeitsmedizinische Gesichtspunkte für die Organisation von Schichtarbeit. In: Zeitschrift für Betriebswirtschaft (1981), S. 66ff.
Schalla, K.-H.: Arbeitszeitverkürzung für ältere Arbeitnehmer. In: Personal (1985), S. 155ff.
Schanz, G.: Job-sharing-Handbuch, hg. vom Niedersächsischen Minister für Wirtschaft und Verkehr. Hannover (1984).
–: Möglichkeiten und Grenzen der Partner-Teilzeitarbeit. In: WiSu (1984), S. 222.
Schüren, P.: Arbeitszeitflexibilisierung und Sozialversicherung. In: Betriebs-Berater (1984), S. 1235ff.
–: Arbeitsrechtliche Gestaltung unter Berücksichtigung amerikanischer Erfahrungen. Heidelberg (1983).
Schulte, A.: Flexible Arbeitszeitgestaltung – technische und organisatorische Aspekte. In: Angewandte Arbeitswissenschaft (1985), 103, S. 3ff.
Schusser, W. H.: Flexibilisierung der Arbeitszeit. In: *Institut der deutschen Wirtschaft* (Hg.): Beiträge zur Wirtschafts- und Sozialpolitik, Köln (1983), 6/7.
Sehrt, U.: Macht Schichtarbeit krank? In: Blick durch die Wirtschaft (26. 3. 1979), S. 3.
Siebel, F. W.: Flexible Arbeitszeitgestaltung in der Metallindustrie. Köln (1984).

Speer, G.: Zur gegenwärtigen monopolistischen Beschäftigungspolitik. In: Sozialistische Arbeitswissenschaft (1984), S. 356 ff.
Steinel, F.: Die Mehrschichtarbeit in der Textilindustrie. Die Stellung der Bundesrepublik Deutschland im internationalen Vergleich. Opladen (1977).
Strunz, W.: Entgelt- und Schutzbestimmungen bei Heimarbeit. In: Personalwirtschaft (1984), 2, S. 44 ff.
Stumpfe, W.: Schichtarbeit in der Stahlindustrie. In: Zeitschrift für Betriebswirtschaft (1981), S. 75 ff.
Swart, J. C.: Clerical Workers on Flexitime: A Survey of Three Industries. In: Personnel (1985), April, S. 40 ff.
Teriet, B.: Zeitsouveränität – eine personalwirtschaftliche Herausforderung. In: *Friedrichs/Gaugler/Zander/Schneider* (1983), S. 131 ff.
–: Die Krise der Arbeit – auch eine personalpolitische Herausforderung? In: Personal (1981), S. 146 ff.
–: Neue Arbeitszeitformen. In: Industrielle Organisation (1981).
–: Schichtarbeit zwischen Standardisierung und Flexibilisierung. In: Personal (1977), S. 178 ff.
Tippmann, M.: Die tarifvertragliche Wirklichkeit. In: Der Arbeitgeber (1985), S. 678 ff.
–: Arbeitsflexibilisierung durch Telearbeit. In: Der Arbeitgeber (1984), S. 236 ff.
Trefflich, M. L.: Job sharing – Erhöhung der Produktivität durch mehr Flexibilität und Arbeitszufriedenheit. In: ZfB (1984), S. 462 ff.
Verein der Bayerischen Metallindustrie e. V. (Hg.): Leitfaden zur Flexibilisierung der Arbeitszeit. München (1984).
Vilmar, F.: Eine gemeinsame Aktion für Arbeitszeitverkürzung. In: *Kutsch/Vilmar* (1983), S. 28 ff.
Wagner, D.: Cafeteria-Systeme in Deutschland. In: Personal (1982), S. 234 ff.
Werner, E./Borchardt, N./Frielingsdorf, R./Romahn, H.: Schichtarbeit als Langzeiteinfluß auf betriebliche, private und soziale Bezüge. Forschungsbericht des Landes Nordrhein-Westfalen Nr. 2974. Opladen (1980).
Wilkes, M. W.: Der Biorhythmus bestimmt unser Leben. 5. A., München (1983).
Winterfeld, R.: Konstruktive Ansätze zur Beschäftigungsförderung. In: Der Arbeitgeber (1984), S. 784 ff.
WSI (Wirtschafts- und Sozialwissenschaftliches Institut des DGB) (Hg.): ınformationspaket flexible Arbeitszeiten. Düsseldorf (1983).
Wünsche, S.: Soziale Abgaben im Rechnungswesen. München (1985).
Ziepke, J.: Die Anrechnung von Arbeitszeitverkürzungen. In: Betriebs-Berater (1985), S. 287 f.
–: Rechtsprobleme der neuen tariflichen Arbeitszeitregelung in der Metallindustrie. In: Betriebs-Berater (1985), S. 281 ff.

Lexikon zur Arbeitszeitflexibilisierung

Abrufverträge

Form der → kapazitätsorientierten variablen Arbeitszeit, bei der der Arbeitgeber relativ kurzfristig entsprechend dem Arbeitsanfall über Lage und Dauer des Arbeitseinsatzes entscheidet.

In dem Beschäftigungsförderungsgesetz ist festgelegt, daß den Arbeitnehmern, deren regelmäßige wöchentliche Arbeitszeit unter fünfzig Prozent der regelmäßigen Wochenarbeitszeit vollzeitbeschäftigter Mitarbeiter des Betriebes liegt, ihre Einsatzzeit mindestens vier Tage im voraus anzukündigen ist. Andernfalls sind sie nicht zur Arbeitsleistung verpflichtet. Besteht keine Vereinbarung über die Dauer der täglichen Arbeitszeit, muß der Arbeitnehmer für mindestens drei aufeinanderfolgende Stunden beschäftigt werden. Außerdem müssen Verträge mit variablen Arbeitszeiten ein festes wöchentliches oder monatliches Arbeitszeitvolumen enthalten (§ 4 BeschFG).

Lit.: *Ottmann/DeVol/Schwarzenau* u. a. (1985), *Winterfeld* (1984)

Absprache-Gleitzeit

Die Einführung von Gleitzeit ist im Schichtbetrieb, insbesondere bei Dreischichtarbeit, an besondere Voraussetzungen gebunden, weil die Arbeitsplätze stark voneinander abhängen. Folglich müssen sich die Arbeitnehmer aufeinanderfolgender Schichten mit gleicher Qualifikation, wollen sie die Gleitmöglichkeiten nutzen, untereinander auf die Schichtwechselzeit bzw. deren Verschiebung einigen. Anderenfalls wäre eine lückenlose Maschinenbesetzung nicht gewährleistet. Damit sind auch an die Eigenverantwortlichkeit der Arbeitnehmer besondere Anforderungen zu stellen. Es ist empfehlenswert, die Absprachen in ein Formblatt einzutragen und von den Beteiligten abzeichnen zu lassen. Diese Absprache hinsichtlich der Schichtwechselzeiten kann individuell zwischen den jeweils hintereinander an einer Maschine Arbeitenden für bestimmte Tage bzw. Stunden erfolgen („Stundentausch"): Arbeitskraft A will am Dienstag in der Frühschicht eine Stunde später beginnen, Arbeitskraft B ist bereit, in der vorangehenden Nachtschicht eine Stunde länger zu arbeiten. Ebenso ist es möglich, die Schichtwechselzeiten individuell oder generell jede Woche oder jeden Monat innerhalb der vorgegebenen Grenzen neu festzulegen. Läßt sich keine Einigung erzielen, ist die Regelarbeitszeit verbindlich.

In einem Chemiebetrieb, in dem für Dreischichtarbeiter die Absprache-Gleitzeit eingeführt wurde, verbesserte sich nach einjähriger Laufzeit die Zufriedenheit der Schichtarbeiter mit der neuen Arbeitszeitregelung signifikant. Sie wirkte sich auch günstig bei der Betreuung der Kinder und auf den Schlaf nach der Nachtschicht aus. Die überwiegende Mehrheit der Befragten befürwortete die Beibehaltung der Flexibilisierung durch Absprache-Gleitzeit.

Lit.: *Grassl/Hindelang* (1984), *Kohl/Schanzenbach* (1984), *Knauth/Kiesswetter/Schwarzenau* (1984)

Altersfreizeit → Lebensarbeitszeitverkürzung, → gleitende Pensionierung

Altersteilzeitarbeit → gleitende Pensionierung

Anrechnung von Arbeitszeitverkürzungen → Ruhepausen

Ansparverfahren

Ansparen von Zeitguthaben („Zeitbank") über einen längeren Zeitraum, der unter Umständen sogar für einen Langzeiturlaub verwendet werden kann.

Ansprechzeit

Gleitzeit, bei der es keine Kernzeit mehr gibt, die eine persönliche Anwesenheit des Mitarbeiters erfordert. Entscheidend ist allein, daß die Funktion des Arbeitsplatzes während der Ansprechzeit gesichert ist. Der Mitarbeiter kann sich daher während dieser Ansprechzeit von einem Kollegen seiner Arbeitsgruppe vertreten lassen. (Beispiel: *Interflex Datensysteme GmbH,* Weigheim).

Arbeit auf Abruf → kapazitätsorientierte variable Arbeitszeit (KAPOVAZ)

arbeitsanfallorientierte Teilzeitarbeit → kapazitätsorientierte variable Arbeitszeit (KAPOVAZ)

Arbeitsplatzteilung → Job sharing

Arbeitszeit

Zeit vom Beginn bis zum Ende der Arbeit, einschließlich Kurzpausen, aber ohne Ruhepausen (§ 2 AZO); vgl. → individuelle tatsächliche Wochenarbeitszeit; → individuelle vertragliche Wochenarbeitszeit; → tarifliche Wochenarbeitszeit.

Arbeitszeit à la carte → Teilzeit à la carte

Arbeitszeit nach Abruf → kapazitätsorientierte variable Arbeitszeit (KAPOVAZ)

Arbeitszeiterfassung → Zeiterfassung

Arbeitszeitflexibilisierung

Oberbegriff für alle Formen der Arbeitszeitgestaltung mit veränderlicher Dauer (Länge) und Lage (Anordnung) der Arbeitszeit (Gegenbegriff: starre Arbeitszeitregelung). Bekannteste Form der Arbeitszeitgestaltung mit flexibler Lage ist die Gleitzeit, mit flexibler Dauer die in ihrer Länge vom Arbeitnehmer innerhalb betrieblicher Optionen frei wählbare Teilzeitarbeit.

Innovativ ist die Arbeitszeitflexibilisierung nur dann, wenn mehrere dauer- und/oder lagebezogene Flexibilitätsmerkmale vorliegen (z.B. Teilzeitarbeit in Verbindung mit Gleitzeit und Tauschbörse), ein hoher dauer- und lagebezogener Flexibilitätsgrad besteht (z.B. Wahl zwischen 20 und 110% der tariflichen Wochenarbeitszeit, Lebensarbeitszeit zwischen 55 und 70 Jahren), Betrieb und Arbeitnehmer zwischen mehreren Flexibilitätsmerkmalen und -graden wählen können.

Beispiele innovativer Arbeitszeitmodelle: → Teilzeit à la carte; flexible → Jahresarbeitszeitverträge; → flexible Schichtarbeit; → gleitende Pensionierung mit Lebensarbeitszeitverlängerung; → Job pairing; → Telearbeit; → zeitautonome Arbeitsgruppen; → Cafeteria-System.

Die innovative Arbeitszeitflexibilisierung dient Mitarbeitern, Betrieb und Gesellschaft: Die Belegschaft kann ihre zeitlichen Wünsche am Arbeitsplatz weit besser als bisher berücksichtigen, so daß Arbeits- wie Lebenszufriedenheit positiv beeinflußt werden, arbeitsmedizinische Erkenntnisse werden – zum Beispiel bei der flexiblen Schichtarbeit – besser als bisher beachtet, der Betrieb kann sich an Auftragsschwankungen und Kundenwünsche besser anpassen.

Der Zeitaufwand für die Entwicklung betriebsspezifischer Modelle ist noch nicht generell bestimmbar, dürfte aber mit zunehmender Zahl realisierter Modelle tendenziell sinken. (In der *Cannstatter Volksbank* betrug der Zeitaufwand für die Modellentwicklung etwa hundert Mannstunden.) Das Lohn- und Gehaltswesen wird komplizierter, der organisatorische Aufwand steigt, die Mitwirkungsmöglichkeiten der Betriebsräte nehmen zu.

Im Ausland, insbesondere in fast allen Ländern Europas, ist die Arbeitszeitflexibilisierung noch im Gespräch (Großbritannien, Dänemark, Österreich, Norwegen) oder schon verwirklicht: Tarifvertragliche Regelungen (Frankreich, Holland, Schweden, Dänemark), Hilfestellung durch den Gesetzgeber (Frankreich, Belgien), Eigeninitiativen vieler Betriebe.

Lit.: *Fraunhofer-Institut für Arbeitswirtschaft und Organisation* (1985), *Swart* (1985), *Eberhardt* (1985), *Desiderato* (1985), o. V. (11. 2. 1985), *Fiedler-Winter* (1984), *Hof* (1984), *Held/ Karg* (1984), *Hoff* (1983), *Teriet* (1983), *Gaugler* (1983), *Schusser* (1983), *Glaubrecht* (1983), *Linnekohl/Rauschenberg/Utes* (1983), *Reuter* (1981), *Böckle* (1979)

Arbeitszeitpolitik

Ziele, die mit der Regelung von Dauer und Lage der Tages-, Wochen-, Monats-, Jahres- und Lebensarbeitszeit von Arbeitnehmern, die in einem regulären Beschäftigungsverhältnis stehen, verfolgt werden. Restriktionen bilden Gesetze und Verordnungen (z. B. Arbeitszeitverordnung, Gewerbeordnung, Mutter- und Jugendschutzgesetz), Tarifverträge, Betriebsvereinbarungen oder individuelle Vereinbarungen.

Während ursprünglich Humanisierungsziele dominierten, wird die heutige arbeitszeitpolitische Diskussion wegen der hohen Arbeitslosigkeit in erster Linie von beschäftigungspolitischen Zielen bestimmt. So glauben vor allem die Gewerkschaften, mit kollektiven Arbeitszeitverkürzungen die Arbeitslosigkeit vermindern zu können, während die Arbeitgeberverbände die → Arbeitszeitflexibilisierung, wie sie auch von vielen Arbeitnehmern bevorzugt wird, für erfolgreicher halten.

Lit.: *Beyer,* Arbeitszeitverkürzung (1985), *Hof/Vajna* (1983), *Beyer* (1981), S. 198

Arbeitszeitvorschuß

Mitarbeiter „borgen" sich vom Betrieb Arbeitszeit für private Erledigungen (Ernte, Hausbau u. a.). Rückgabe dieses Zeitvorschusses innerhalb eines zu vereinbarenden Zeitraums (→ Zeitausgleich).

Ausbildungsplatz-Sharing → Teilzeitarbeit von Berufsanfängern

Ausbildungsplatzteilung → Teilzeitarbeit von Berufsanfängern

Ausfallprinzip

Regelung des → Freizeitanspruchs für freie Tage nach dem Ausfallprinzip besagt, daß hierfür die tatsächliche (effektive) Arbeitszeit maßgebend ist. Somit werden dem Freizeitkonto an Ausfalltagen jeweils 0,3 Stunden gutgeschrieben (anders: → Referenzprinzip).

Ausgleichszeitraum → Zeitausgleich

Bandbreite

Ausdruck verwendet für die Gleitzeitspanne, die Kernzeitspanne sowie die → Betriebszeit. Darüber hinaus wird von Bandbreitenmodellen bzw. Auswahlbandbreiten im Sinne von vorgegebenen Optionen gesprochen, innerhalb derer der Arbeitnehmer Dauer und Lage der Arbeitszeit frei wählen und jedes (Halb-)Jahr neu festlegen kann (→ Teilzeit à la carte).

Bandbreitenmodell → Bandbreite, → Teilzeit à la carte

Beschäftigungsförderungsgesetz → Abrufverträge, → Job sharing, → kapazitätsorientierte variable Arbeitszeit, → Teilzeitarbeit

betriebliche Bedürfnisse

Maßgebendes Kriterium bei der Ermittlung der → individuellen vertraglichen Wochenarbeitszeit sind nach dem Tarifvertrag der Metallindustrie (1984) ,,betriebliche Bedürfnisse", beispielsweise eine kostengünstige Produktion, eine kundenfreundliche Bedienung, die fehlende Unterbrechbarkeit von Fertigungsprozessen. Nach dem Tarifvertrag der Metallindustrie haben die betrieblichen Bedürfnisse gegenüber den – im Vertrag nicht erwähnten – persönlichen Bedürfnissen der Mitarbeiter (Belastungsreduktion, Freizeitpräferenzen u. a.) – eindeutig den Vorrang. Das kann jedoch nicht generell unterstellt werden.

Lit.: *Schulte* (1985)

betriebliche Wochenarbeitszeit → tarifliche Wochenarbeitszeit

betriebsdurchschnittliche tarifliche Wochenarbeitszeit → tarifliche Wochenarbeitszeit

Betriebsnutzungszeit → Betriebszeit

Betriebszeit

Betriebs- oder Anlagennutzungszeit oder Dauer der Betriebsbereitschaft (Produktionsaggregate, Rechenzentrum, Datensichtgeräte, Telefonzentralen usw.) unabhängig von der Anwesenheits- bzw. Arbeitszeit des einzelnen Mitarbeiters. Sofern Gleitzeit besteht, wird sie gelegentlich auch als ,,Bandbreite" (Kernzeit + Gleitzeit) oder ,,Rahmenarbeitszeit" bezeichnet. Sie wird ermittelt aufgrund des Kapazitätsbedarfs der verschiedenen betrieblichen Funktionsbereiche bzw. der zur Erfüllung betrieblicher Belange regelmäßig notwendigen Stunden innerhalb einer Periode (z.B. Tag oder Woche). Bei kontinuierlicher Fertigung beträgt die tägliche Betriebszeit maximal 24 Stunden pro Tag und 168 Stunden pro Woche.

Mögliche Betriebszeiten pro Woche im Ein-, Zwei- und Dreischichtbetrieb bei fünf, sechs oder sieben Arbeitstagen pro Woche:

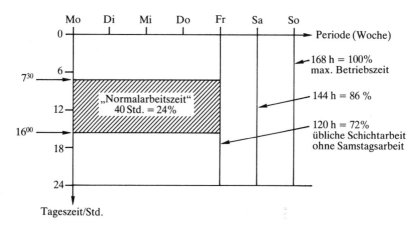

Die Dauer der Betriebszeit ist eine wirtschaftliche Frage, die der Betrieb frei von jeder Mitbestimmung festlegt. Daher wurde auch in dem neuen Tarifvertrag der Metallindustrie ausdrücklich vereinbart, daß die Betriebszeit bei Neufestsetzung der Arbeitszeit nicht vermindert werden dürfe. Ergibt sich eine Differenz zwischen Betriebszeit und individueller vertraglicher Wochenarbeitszeit, wird ein → Zeitausgleich notwendig.

Lit.: *Schulte* (1985)

Blockfreizeit

Mehrere aufeinanderfolgende freie Tage, Wochen oder Monate; typisch für → Blockteilzeitarbeit (diskontinuierliche Arbeit) in Form der Wochen-, Monats- oder Jahresteilzeitarbeit. Solche längeren Freizeitintervalle sind bei vielen Arbeitnehmern sehr beliebt. Dafür arbeiten sie oft gerne längere Zeit auch ohne größere Pausen, was gesundheitlich nicht immer empfehlenswert ist. Zu beachten sind die sozialversicherungsrechtlichen Folgen der Blockfreizeit (→ Blockfreizeit und Arbeitslosenversicherung; → Blockfreizeit und Krankenversicherung; → Blockfreizeit und Rentenversicherung).

Blockfreizeit und Arbeitslosenversicherung

Beitragspflichtige Teilzeitarbeit mit Blockfreizeit wirkt sich nicht nachteilig auf die Erfüllung der Anwartschaftszeit und damit den Anspruch auf Arbeitslosengeld aus, sofern die Freizeitintervalle kürzer als vier Wochen sind. Dauern die Arbeitsunterbrechungen länger als vier Wochen, lassen sich die negativen Wirkungen von beitragspflichtiger Teilzeitarbeit und Blockfreizeit nur durch kontinuierliche Entgeltszahlungen vermeiden.

Lit.: *Landenberger* (1984), S. 57 ff., *Schüren* (1984), S. 1240 ff.

Blockfreizeit und Krankenversicherung

(1) Beitragspflichtige Teilzeitarbeit mit Blockfreizeit ohne Entgeltzahlung ist versicherungsrechtlich unschädlich, sofern die Freizeitintervalle drei Wochen nicht überschreiten. Andernfalls entfallen Krankenversicherungspflicht (Beitragszahlungen) und Krankenversicherungsschutz.

(2) Beitragspflichtige Teilzeitarbeit mit Blockfreizeit und kontinuierlicher Entgeltzahlung oder freiwilliger Versicherung (incl. des Arbeitgeberanteils) ist auch bei länger als drei Wochen dauernden Arbeitsunterbrechungen versicherungsrechtlich unschädlich. Nachteilig kann sich für den Arbeitnehmer auswirken, daß er bei Krankheit in der Blockfreizeit kein Krankengeld erhält.

Lit.: *Landenberger* (1984), S. 35ff., *Schüren* (1984), S. 1237

Blockfreizeit und Rentenversicherung

Beitragspflichtige Teilzeitarbeit mit Blockfreizeit gefährdet den Versicherungsschutz nicht, wenn der Arbeitnehmer pro Monat wenigstens einen Tag versicherungspflichtig, also entgeltlich beschäftigt war (Monatsprinzip). Andernfalls würde diese Zeit bei der Anrechnung der Beitragszeiten entfallen (→ Teilzeitarbeit und Rentenformel). Folglich dürfen die Freizeitintervalle zwischen zwei Arbeitsphasen nicht länger als knapp zwei Kalendermonate sein: Wird beispielsweise im Januar und Februar sowie einen Tag im März gearbeitet, gilt auch der März als Beitragsmonat. Dauert das Freizeitintervall dann bis kurz vor Ende April, wird auch der April als Beitragsmonat angerechnet. Bei längeren Freizeitintervallen kann der Beschäftigte dagegen freiwillig Beiträge zur gesetzlichen Rentenversicherung entrichten, um den Rentenversicherungsschutz zu sichern. Dies ist insbesondere beim unbezahlten Langzeiturlaub wesentlich.

Lit.: *Landenberger* (1984), S. 21ff., *Schüren* (1984), S. 1239f.

Blockteilzeitarbeit

Vollzeitarbeit an einigen Tagen pro Woche, einigen Wochen pro Monat oder einigen Monaten pro Jahr mit entsprechendem Freizeitblock (→ Blockfreizeit), d.h. mehreren freien Tagen, Wochen, Monaten hintereinander (Wochen-, Monats-, Jahresteilzeitarbeit). → Wochenendarbeit ist vor allem auf den Sonnabend und Sonntag konzentrierte Blockteilzeitarbeit. Blockteilzeitarbeit wird auch als diskontinuierliche Arbeit bezeichnet.

Brückentage

Wochentage zwischen Wochenenden und Feiertagen während der Woche (zum Beispiel der Feiertag nach Himmelfahrt). Auf Brückentage gelegte Freischichten bedeuten einen unter Umständen unerwünschten Kapazitätsverlust.

Cafeteria-System

Der Arbeitnehmer hat nicht nur die Möglichkeit der Zeitwahl à la carte (→ Teilzeit à la carte) als Form der Arbeitszeitflexibilisierung, sondern kann auch wählen zwischen Arbeitszeit oder Arbeitsentgelt und Zusatzleistungen (sofern deren Verwendung nicht zwingend festgelegt ist). Beispiel: Verrechnung einer Entgelterhöhung mit der Arbeitszeit durch frühere Pensionierung, längeren Urlaub oder kürzere Wochenarbeitszeit. Cafeteria-Systeme der Vereinigten Staaten sind nicht ohne weiteres auf deutsche Verhältnisse übertragbar.

Lit.: *Wagner* (1982)

differenzierte Arbeitszeiten

Von den Gewerkschaften verwendeter Ausdruck für die „individuelle Flexibilisierung", d. h. eine Differenzierung von Mehrarbeit, Kurzarbeit, Voll- und Teilzeitarbeit nach spezifischen Arbeitnehmergruppen, im engeren Sinne für die nach Arbeitnehmern zwischen 37 und 40 Wochenstunden schwankende → individuelle vertragliche Wochenarbeitszeit.

diskontinuierliche Schichtarbeit

Dreischichtarbeit (Früh-, Spät-, Nachtschichten) mit freien Sonnabenden und Sonntagen (→ Schichtsystem).

durchschnittliche Wochenarbeitszeit

Zu unterscheiden ist die durchschnittliche Wochenarbeitszeit der Vollbeschäftigten des Betriebes (→ tarifliche Wochenarbeitszeit) von der vertraglich mit dem Arbeitnehmer vereinbarten Wochenarbeitszeit (→ individuelle vertragliche Wochenarbeitszeit).

elektronische Heimarbeit

Bevorzugt von gewerkschaftsorientierten Autoren verwendeter Ausdruck für → Telearbeit.

Entkoppelung

Betriebszeit und persönliche Arbeitszeiten bzw. Anwesenheitszeiten der Mitarbeiter stimmen nach zeitlicher Entkoppelung beider nicht mehr überein. Mit zunehmender Verkürzung der tariflichen Wochenarbeitszeit wird die Entkoppelung von Betriebszeit und individueller Arbeitszeit immer wichtiger, sollen nicht gleichzeitig die

Anlagennutzungs- oder die Betriebsöffnungszeiten reduziert werden. Damit wächst auch die Bedeutung der → Arbeitszeitflexibilisierung.

Bei der → Telearbeit liegt neben der zeitlichen auch eine räumliche Entkoppelung (Aufhebung der Ortsbindung) vor.

Fixzeit → Kernzeit

flexible Altersgrenze → Lebensarbeitszeitverkürzung, → Vorruhestand

flexible Arbeitszeit → Arbeitszeitflexibilisierung

flexible Schichtarbeit

Schichtarbeit läßt sich flexibel gestalten, indem die Nachtschichten gegenüber Früh- und Spätschichten verkürzt werden (→ Schichtdauer), günstige → Schichtwechselzeiten (zum Beispiel sieben, fünfzehn, dreiundzwanzig Uhr) in Verbindung mit Gleitzeit oder Absprache-Gleitzeit und einer Tauschbörse gewählt werden, die → Schichtfolge günstig ist (zum Beispiel maximal drei Nachtschichten hintereinander mit darauffolgenden Freischichten) und → Schichtwechselperiodik wie → Schichtzyklusdauer nicht zu lang sind.

Lit.: *Ottmann/De Vol/Schwarzenau* u.a. (1985), *Baer/Ernst/Nachreiner/Volger* (1985), *Knauth/Kiesswetter/Schwarzenau* (1984), *Knauth/Ernst/Schwarzenau/Rutenfranz* (1981)

flexibler Ruhestand → gleitende Pensionierung

freie Tage → Freischichten, → Freizeitanspruch

Freischichten

Freie Tage, die zum Beispiel gewährt werden zum Ausgleich zeitlicher Differenzen bei ungleichmäßiger Verteilung der → individuellen vertraglichen Wochenarbeitszeit (befristeter Zeitausgleich) oder zum Ausgleich von Differenzen zwischen individueller vertraglicher Wochenarbeitszeit und (längerer) Betriebszeit (unbefristeter Zeitausgleich für Anlagennutzung); → Zeitausgleich.

freiwilliges Unterbrechungsjahr → Langzeiturlaub

Freizeitanspruch

Nach dem sog. Reutlinger Vergleich (Einigung der Tarifparteien des Metall-Tarifbezirks Südwürttemberg/Hohenzollern im April 1985 vor der Schiedsstelle) wurden für den 38,5-Wochenstundenarbeiter, der effektiv vierzig Wochenstunden arbeitet, jährlich in der Regel 8,7 freie Tage vereinbart. Ein zusätzlicher Freizeitanspruch entsteht nicht für solche Tage, an denen der Arbeiter krank oder im Urlaub ist: Der Anspruch auf Freizeit kann hier nur durch Arbeit erworben werden. Solche Tage werden mit 7,7 Stunden vergütet (→ Referenzprinzip). Bei Arbeitsausfall, der durch gesetzliche Feiertage oder persönliche Verhinderungstage (z. B. Todesfall in der Familie) bedingt ist, wird die Fehlzeit dagegen mit acht Stunden bezahlt und es entsteht ein zusätzlicher Freizeitanspruch von 0,3 Stunden täglich (→ Ausfallprinzip).

Lit.: O. V. (25. 4. 1985), S. 13

Freizeitausgleich → Zeitausgleich

Freizeitblock → Blockfreizeit

Freizeitmodell von Nixdorf → Nixdorf-Freizeitmodell

geringfügige Beschäftigung → Geringfügigkeitsgrenze bei Teilzeitarbeit

Geringfügigkeitsgrenze bei Teilzeitarbeit

(1) Renten- und Krankenversicherung
Die Geringfügigkeitsgrenze liegt vor, wenn
• das monatliche Bruttoarbeitsentgelt 390 DM nicht übersteigt und
• die durchschnittliche regelmäßige Wochenarbeitszeit unter fünfzehn Stunden liegt.

Als Zeitgrenzen gelten bei kurzfristiger Beschäftigung entweder zwei Monate oder fünfzig Arbeitstage pro Jahr. Sind diese Voraussetzungen erfüllt, müssen keine Pflichtbeiträge in die gesetzliche Renten- und Krankenversicherung gezahlt werden und die Teilzeitbeschäftigten erwerben keine Leistungsansprüche. Die Versicherungspflichtgrenze bildet für den Arbeitgeber einen Anreiz, Teilzeitbeschäftigung unterhalb der Geringfügigkeitsgrenze stärker anzubieten.

Liegt das Bruttoarbeitsentgelt über 390 DM pro Monat, entfällt die Versicherungspflicht ebenfalls, sofern es ein Sechstel des Gesamteinkommens des Arbeitnehmers nicht übersteigt.

(2) Arbeitslosenversicherung
Eine Beschäftigung von durchschnittlich weniger als zwanzig Wochenstunden ist – unabhängig von der Höhe des Entgelts – für Arbeitgeber und Arbeitnehmer beitragsfrei.

Lit.: *Landenberger* (1984), S. 48

gestaffelte Arbeitszeit

Form der Arbeitszeit, bei der die Mitarbeiter eines Betriebes oder einer Abteilung mit ihrer Arbeit zu unterschiedlichen Zeitpunkten beginnen und aufhören. Mit solchen versetzten Arbeitszeiten lassen sich Besetzungslücken vermeiden. Voraussetzung ist allerdings, daß eine solche Gruppenaufteilung technisch möglich ist.

gleitende Arbeitszeit → Gleitzeit

gleitende Pensionierung

Im Unterschied zur Zwangspensionierung erfolgt hier der Übergang in den Ruhestand ,,gleitend", das heißt mit einer entsprechend den Wünschen und gesundheitlichen Bedürfnissen des Beschäftigten verminderten Lebensarbeitszeit (Lebens- bzw. Altersteilzeitarbeit). Bescheidene Ansätze zu dieser Art der Flexibilisierung sind die ,,Altersfreizeiten" (→ Lebensarbeitszeitverkürzung). Besonders innovativ ist diese Form der Flexibilisierung der Lebensarbeitszeit jedoch erst dann, wenn auch über das 65. Lebensjahr hinaus gearbeitet werden kann und wenn sie mit einer großzügig bemessenen Gleitphase, beispielsweise von 55 bis 70 Jahren, kombiniert wird. Nur diese Form der Flexibilisierung (vgl. z. B. *Pieroth* und *Pegulan* sowie Modelle in Frankreich, England, Schweden) kann aus wirtschaftlicher, biologischer, medizinischer und soziologischer Sicht vorbehaltlos empfohlen werden. (Eine Ausnahme gilt für kranke und besonders belastete Arbeitskräfte).

Beispiele:

Pegulan-Modell
Freiwillige Verkürzung der Wochen- bzw. Monatsarbeitszeit bei Mitarbeitern über sechzig Jahren:
- um zwei Stunden pro Tag
oder
- um einen Tag pro Woche und einen Zusatztag in vier Wochen
oder
- um eine Woche je vier Wochen.

Pieroth-Modell
- Mitarbeiter ab vollendetem sechzigsten Lebensjahr arbeiten wöchentlich fünfunddreißig Stunden (Vergütung für 37,5 Stunden)
- Mitarbeiter ab vollendetem dreiundsechzigsten Lebensjahr arbeiten wöchentlich dreißig Stunden (Vergütung für 35 Stunden)
- Mitarbeiter können mit dreiundsechzig bzw. fünfundsechzig Jahren in den Ruhestand treten und einen zusätzlichen Arbeitsvertrag (bis maximal 1000 DM) erhalten.

Lit.: *Schalla* (1985), *Glaubrecht/Wagner/Zander* (1985), *Engel* (1983), S. 135

gleitender Ruhestand → gleitende Pensionierung

Gleitzeit

Beginn und Ende der Arbeitszeit sind gänzlich frei oder innerhalb vorgegebener Bandbreiten (Gleitzeitspannen) frei wählbar. Gestaltbar als → Tages-, → Wochen-,

→ Monats-, → Jahresgleitzeit mit entsprechender → Kernzeit (feste oder fixe Arbeitszeit) mit Anwesenheitspflicht bzw. → Mindestarbeitszeit.

Die verschiedenen Varianten sind auch kombiniert einsetzbar. Beispiel:

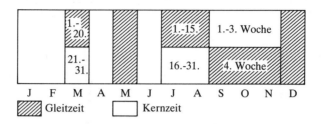

Zeitguthaben oder -schulden, die zur Zeit häufig zehn Stunden (noch) nicht überschreiten dürfen, sind übertragbar, wobei meistens der Monat als Abrechnungszeitraum (Zeitausgleich) gilt. Die Abrechnung erfolgt über ein Zeitkonto. Weitere Flexibilisierungsmöglichkeiten: zulässige Zeitguthaben/-schulden erweitern, als Ausgleichszeitraum Quartal oder ganzes Jahr wählen, Kernzeit reduzieren oder ganz aufgeben bzw. als → Ansprechzeit gestalten.

Gleitzeit bei Angestellten und Beamten sehr häufig, in der Produktion dagegen vergleichsweise selten verwirklicht. Heute arbeiten etwa zwanzig bis dreißig Prozent aller Beschäftigten mit Gleitzeit (Gleitzeitquote).

Gleitzeit ist im Dreischichtbetrieb bzw. bei kontinuierlicher Fertigung besonders notwendig, doch schwierig einzuführen, weil im Schichtbetrieb die Arbeitsplätze doppelt zu besetzen sind, gewerbliche Arbeitnehmerinnen nicht vor 5 Uhr und nur bis 23 Uhr eingesetzt werden können (§ 19 AZO) und die Maschinen unter Umständen nur kurzfristig unbeaufsichtigt bleiben dürfen. Hier sind dann eventuell zeitliche Überlappungen vorzusehen oder es ist mit → Absprache-Gleitzeit zu arbeiten.

Vorteile der Gleitzeit für den Arbeitnehmer: bessere Zeiteinteilung, größere Entscheidungsfreiheit bei Festlegung von Arbeitsbeginn und Arbeitsende. Mögliche Nachteile: Schwierigkeiten beim Abbau von Zeitschulden, Umstellung bei Schichtwechsel.

W. Roth vertritt die Meinung, das Gleitzeitverhalten der Arbeitnehmer sei ein guter Indikator ihrer Arbeitseinstellung.

Gelegentliche Befürchtungen, nach Einführung von Gleitzeit bestehe im Betrieb ein ständiges Kommen und Gehen, haben sich nicht bestätigt. Viele Mitarbeiter suchen sich vielmehr ihren von Verkehrsverbindungen u. a. abhängigen Anfangszeitpunkt und behalten diesen dann in aller Regel bei.

Meistens wird bei Einführung von Gleitzeit vereinbart, daß Geschäftsleitung und Betriebsrat diese in Einzelfällen einschränken oder vorübergehend aufheben können, wenn zwingende betriebliche Gründe vorliegen. Das ist beispielsweise dann denkbar, wenn Ansprechbarkeit, Funktionsfähigkeit und Mindestbesetzung einer Stelle während der Gleitzeit deshalb nicht mehr gewährleistet sind, weil mehrere Gleitzeitarbeitnehmer krank sind.

Lit.: *Fraunhofer-Institut für Arbeitswirtschaft und Organisation* (1985), *Kohl/Schanzenbach* (1984), *Burian/Hegner* (1984)

Gleitzeitsaldo

Differenz aus Gleitzeitguthaben und Gleitzeitschulden; darf in der Regel in begrenztem Umfang in den nächsten Abrechnungszeitraum übernommen werden (→ Zeitausgleich).

Gleitzeitschichtmodell

Modell einer Arbeitszeitflexibilisierung (→ flexible Schichtarbeit) durch Kombination von Gleitzeit und Tauschbörse mit der Schichtarbeit *(AGFA-GEVAERT AG)*.

Gleitzeitspanne

Bandbreiten bei der Gleitzeit, innerhalb derer der Arbeitnehmer wählen kann, wann er mit der Arbeit beginnt und aufhört. Die Tagesgleitzeitspanne beträgt in der Regel insgesamt etwa drei Stunden und ist abends meist länger als morgens.

Hausfrauenschicht

Auf vier bis fünf Stunden verkürzte zweite Schicht (Teilzeitschicht), die meist in den frühen Abendstunden liegt (Hausfrauenspätschicht). Die hierdurch erreichte Verlängerung der Betriebszeit führt zu einer besseren Kapazitätsauslastung.

Individualisierung der Arbeit

Mit zunehmender → Arbeitszeitflexibilisierung können sich die individuellen Bedürfnisse und Wünsche der Arbeitnehmer im Arbeitsleben wie im Privatleben besser durchsetzen. Nicht nur die Arbeitszufriedenheit steigt, sondern wegen des → Spillover-Effektes auch die Lebenszufriedenheit.

individuelle Flexibilisierung → differenzierte Arbeitszeiten

individuelle regelmäßige wöchentliche Arbeitszeit → individuelle vertragliche Wochenarbeitszeit.

individuelle tatsächliche Wochenarbeitszeit

Nach der neuen Arbeitszeitregelung in der Metallindustrie kann die individuelle tatsächliche Wochenarbeitszeit des Arbeitnehmers in Absprache mit dem Betriebsrat über einen Ausgleichszeitraum von zwei Monaten unregelmäßig verteilt sein. Erst nach Ablauf dieser zwei Monate muß sich im Durchschnitt die → individuelle vertragliche Wochenarbeitszeit ergeben.

Beispiele unregelmäßiger Verteilung:

Während der Woche	Während des Jahres	
1. Schicht Montag bis Donnerstag je 10 Stunden	März	4 Wochen je 45 Std.
2. Schicht Freitag 10 Stunden	April	4 Wochen je 32 Std.
	Zweimonatsdurchschnitt	38,5 Std./Woche
	März	4 Wochen je 48 Std.
	April	4 Wochen je 32 Std.
	Zweimonatsdurchschnitt	40 Std./Woche
	März	4 Wochen je 45 Std.
	April	4 Wochen je 29 Std.
	Zweimonatsdurchschnitt	37 Std./Woche

Obwohl die individuelle tatsächliche Wochenarbeitszeit die vereinbarte regelmäßige Wochenarbeitszeit zeitweise erheblich unterschreitet oder übersteigt, liegt weder Teilzeitarbeit noch Mehrarbeit vor.

Sofern die Wochenarbeitszeit 48 Stunden nicht überschreitet, darf die tägliche Arbeitszeitgrenze von neun bis zehn Stunden genutzt werden.

Der Arbeitnehmer kann auch dauerhaft mehr arbeiten, als es seine individuelle vertragliche Wochenarbeitszeit vorsieht, ohne daß Mehrarbeit vorliegt, sofern die Betriebszeit dies erfordert. Die dadurch entstehende Differenz zwischen Betriebszeit und individueller regelmäßiger Wochenarbeitszeit erfordert einen → Zeitausgleich in Form freier Tage (Zeitausgleich für Anlagennutzung).

Lit.: *Ziepke* (1985), *Institut für angewandte Arbeitswissenschaft e. V.* (1984)

individuell vereinbarte Wochenarbeitszeit → individuelle vertragliche Wochenarbeitszeit.

individuelle vertragliche Wochenarbeitszeit

Vertraglich frei vereinbarte Dauer der Arbeitszeit; auch als Vertragsarbeitszeit oder individuelle vertragliche (regelmäßige) Wochenarbeitszeit bezeichnet.

Nach der am 1. April 1985 in kraft getretenen neuen Arbeitszeitregelung in der Metallindustrie kann die Vertragsarbeit einzelner Arbeitnehmer, ganzer Gruppen oder von Teilen des Betriebes zwischen 37 und 40 Stunden liegen. (Ausgenommen sind insbesondere leitende und AT-Angestellte, Teilzeitkräfte, Auszubildende). Sie kann gleichmäßig oder ungleichmäßig auf die Werktage, Wochen und Monate verteilt werden, wofür nach Tarifvertrag „betriebliche Bedürfnisse" maßgebend sind.

Bei sich verändernder betrieblicher Situation (oder bei veränderten Mitarbeiterwünschen) kann sie jeweils neu vereinbart werden. Die → individuelle tatsächliche Wochenarbeitszeit kann hiervon zeitweise erheblich abweichen, ohne daß zuschlagspflichtige Mehrarbeit vorliegt, denn die individuelle regelmäßige Wochenarbeitszeit ist – wie die tarifliche Wochenarbeitszeit – eine Durchschnittszahl. Doch muß die individuelle vertragliche Wochenarbeitszeit im Durchschnitt von zwei Monaten eingehalten werden (→ Zeitausgleich).

In betrieblichen Bereichen, in denen die bisherige Kapazität trotz Arbeitszeitverkürzung erhalten bleiben muß und weder Rationalisierung noch Neueinstellung möglich sind, kann der Betrieb verlangen, daß die Vierzigstundenwoche als regelmäßige Arbeitszeit beibehalten wird. In entsprechendem Umfang sind dann natürlich auch Arbeitszeiten unter 38,5 Wochenstunden für Vollzeitbeschäftigte festzulegen.

Beispiel:

Bosch, Werk Stuttgart-Feuerbach (10000 Beschäftigte)

700 Arbeitnehmer ab 57. Lebensjahr:	37 Std./Woche	(7%)
8000 Arbeiter und Tarifangestellte:	38,5 Std./Woche	(80%)
250 außertarifliche Mitarbeiter sowie 450 Mitarbeiter in Entwicklung und Vertrieb sowie mit Spezialaufgaben:	40 Std./Woche	(7%)
betrieblicher Durchschnitt:	38,5 Std./Woche	

Es ist jedoch auch möglich, die Vierzigstundenwoche trotz geringerer individueller vertraglicher Wochenarbeitszeit beizubehalten, sofern die Nutzung der Anlagen dies erfordert. Die entstehende Zeitdifferenz ist dann durch freie Tage (→ Zeitausgleich) auszugleichen.

Die individuelle Vertragsarbeitszeit im Sinne der tarifvertraglichen Regelung ist mit dem Betriebsrat zu vereinbaren und in einer Betriebsvereinbarung festzulegen, während die Zustimmung der Arbeitnehmer zwar sehr wünschenswert, rechtlich jedoch nicht erforderlich ist. Hauptkriterium sind laut Tarifvertrag die „betrieblichen Bedürfnisse".

Lit.: *Jagenlauf/Gänsicke* (1985), *Schulte* (1985), *Ziepke* (1985), *Siebel* (1984), *Hof* (1984), *Institut für angewandte Arbeitswissenschaft e. V.* (1984)

IRWAZ → individuelle vertragliche Wochenarbeitszeit

Jahresarbeitszeitverträge

In Jahresarbeitszeitverträgen werden nicht die pro Woche, sondern die in einem Jahr insgesamt zu leistenden Arbeitsstunden festgelegt. Bei einer Vierzigstundenwoche beträgt also beispielsweise die Jahresarbeitszeitsumme 52 × 40 = 2080 Stunden. Diese Jahresarbeitszeitsumme läßt sich nun im voraus gleichmäßig oder arbeitsanfallorientiert auf das Jahr verteilen (Flexibilität der Lage). Dabei besteht zugleich die Möglichkeit, für unvorhergesehenen Personalbedarf bzw. für Ausfallzeiten eine Zeitreserve zu schaffen: Beispielsweise kann eine Vollzeitkraft mit einer Wochenarbeitszeit von vierzig Stunden nur sechsunddreißig Stunden arbeiten, während die restlichen Stunden als Zeitreserve dienen, die je nach Vereinbarung auch samstags abgerufen werden kann.

Tarifvertragliche Vereinbarungen über Jahrsarbeitszeitregelungen haben die *Gewerkschaft Holz* sowie das *Volkswagenwerk* getroffen. Die Tarifverträge der Metall- wie der Druck- und Papierindustrie (1984) stehen einer solchen Jahresarbeitszeitregelung jedoch entgegen.

In der Landwirtschaft wird seit dem 1. 12. 1983 von etwa 250 000 Beschäftigten mit schwankenden Jahresarbeitszeiten gearbeitet. Beispiel Tarifgebiet Schleswig-Holstein:

Jan. bis April, Dezember	Mai	Juni/Juli	Sept./Okt.	Aug. u. Nov.
38 Std./Wo.	30 Std./Wo.	40 Std./Wo.	43 Std./Wo.	46 Std./Wo.

Das *Volkswagenwerk* hat 1984 in seinem Haustarifvertrag mit der *IG Metall* eine maximale wöchentliche Arbeitszeit von 38,5 Stunden, neun bezahlte Freischichten pro Jahr und eine Jahresarbeitszeit von 2008 Stunden vereinbart. Darüber hinaus enthält der Tarifvertrag eine Öffnungsklausel für eine → ,,variable Jahresarbeitszeit".

Um Einkommensschwankungen zu vermeiden, wird das Arbeitsentgelt weiterhin in gleichen Monatsraten gezahlt (Sparkassenmodell). Für die Laufzeit des Jahresarbeitszeitvertrages wird den Arbeitnehmern oft eine Arbeitsplatzgarantie gegeben, den Betrieben in begrenztem Umfang die Möglichkeit, die zusätzlich vereinbarte Arbeitszeit nach Bedarf abzurufen. Bei längeren Freizeitintervallen sind die sozialversicherungsrechtlichen Konsequenzen zu berücksichtigen (→ Blockfreizeit und Arbeitslosenversicherung; → Blockfreizeit und Krankenversicherung; → Blockfreizeit und Rentenversicherung).

Beispiel eines Jahresarbeitszeitvertrages *(Sportmodehaus Willy Bogner):* Wochenarbeitszeit in der Hauptsaison 45 Stunden, Zeitausgleich durch verlängerte Ferien (Ostern zwei Wochen, Mai/Juni 3,5 Wochen, September vierzehn Tage, Ende Oktober eine Woche sowie zwischen Weihnachten und Neujahr) bei gleichen Monatsbezügen.

Lit.: *Kugland* (1984), *Hof/Vajna* (1983), *Haller* (1981), *Teriet,* Arbeitszeitformen (1981)

Jahresgleitzeit

Innerhalb vorgegebener Bandbreiten (Zeitrahmen) können Dauer und Lage der Arbeitszeit während des Jahres vom Arbeitnehmer frei gewählt werden. In der übrigen

Zeit (Kernzeit) besteht Anwesenheitspflicht. Gefahren: → Blockfreizeit und Arbeitslosenversicherung, → Blockfreizeit und Krankenversicherung, → Blockfreizeit und Rentenversicherung.

Beispiel:

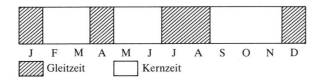

Job pairing

Innovative Form der Partner-Teilzeitarbeit (→ Job sharing), bei der ein Arbeitsplatz nach entsprechender Abstimmung zwischen den Partnern abwechselnd besetzt wird. Beide Partner sind gemeinsam für die Aufgabenerledigung verantwortlich, ohne daß jedoch ein Gesamtschuldverhältnis besteht. Auch bei komplexen Arbeitsaufgaben einsetzbar. Dauer und Lage der Arbeitszeit werden relativ autonom von den Teilzeitpartnern bestimmt *(Otto-Versand Hamburg, Beck-Feldmeier KG, Klöckner-Moeller-Gruppe, Interflex Datensysteme, Vorwerk, Ciba-Geigy, Sandoz, Landert Motoren AG).*

Lit.: *Schüren* (1983), S. 96

Job sharing

Zwei oder mehrere Teilzeitkräfte regeln bei der Partnerteilzeitarbeit innerhalb der vorgegebenen Betriebszeit Dauer und Lage ihrer Arbeitszeit (zeitliche Teilung), unter Umständen auch die Verteilung des Inhalts der Arbeit (funktionale Teilung) nach eigenen Wünschen. Möglich als Tages-, Wochen-, Monats- oder Jahresteilzeit. Mehrere Vollzeitarbeitsplätze können auch zu einem Job sharing pool zusammengefaßt werden. Bei gleichzeitiger Arbeitsteilung kann die Qualifikation der Job-sharing-Partner unterschiedlich sein. Innovative Varianten sind nur für kooperationsbereite und flexible Mitarbeiter einsetzbar, die ihre Freiheit am Arbeitsplatz vergrößern wollen. Je nach dem, ob sich die Teilzeitpartner untereinander abstimmen müssen oder nicht, wird zwischen → Job pairing und → Job splitting unterschieden.

Nach dem Beschäftigungsförderungsgesetz 1985 dürfen Job-sharing-Partner nicht mehr im voraus dazu verpflichtet werden, sich bei Krankheit oder Urlaub gegenseitig zu vertreten (§ 5 Abs. 1 BeschFG).

Lit.: *Schanz,* Job-sharing-Handbuch (1984), *Schüren* (1983), *Gmelin* (1983), *Eich* (1982), *Hoff,* Job-sharing (1981)

Job sharing pool → Job sharing

Job splitting

Form der Partner-Teilzeitarbeit (→ Job sharing), bei der identische und in der Regel relativ einfache Aufgaben nach einem von vornherein festgelegten (eventuell rollierenden) System unabhängig voneinander erledigt werden. Eingesetzt zum Beispiel bei Datentypistinnen in der DV, Kontokorrentbuchhalterinnen im Rechnungswesen der Chemischen Industrie.

Lit.: *Gmelin* (1983), S. 321f., *Schüren* (1983), S. 97

Kapazitätsorientierte variable Arbeitszeit (KAPOVAZ)

Die Lage der Regelarbeitszeit (tarifliche Wochenarbeitszeit) ist flexibel, wobei im allgemeinen der Arbeitgeber über Lage und Dauer des Arbeitseinsatzes relativ kurzfristig entsprechend dem Arbeitsanfall entscheidet. Mit dem Arbeitnehmer wird die Gesamtarbeitszeit (Soll-Arbeiszeit) vertraglich für einen längeren Zeitraum (Monat, Jahr) fest vereinbart. Charakteristisch für weite Bereiche des Dienstleistungssektors.

Diese Form der Arbeitszeitregelung ist vor allem deshalb wenig beliebt, weil die Verteilung der Arbeitszeit nicht von vornherein festgelegt, sondern von Fall zu Fall geregelt wird. Die Akzeptanz solcher Tätigkeiten mit unregelmäßigem Dienst läßt sich verbessern, indem die Mitarbeiter an den zeitlichen Dispositionen beteiligt und ihre zeitlichen Interessen dabei so weit wie möglich berücksichtigt werden.

Nach einem Urteil des *Bundesarbeitsgerichts* (BAG 7 AZR 509/83) sind Arbeitsverträge mit variabler Arbeitsdauer, d.h. einer von Fall zu Fall (auf Abruf) vom Arbeitgeber festgelegten Arbeitsdauer, rechtswidrig und nichtig, da sie gegen zwingende Vorschriften des Kündigungsschutzgesetzes verstoßen.

Nach dem Beschäftigungsförderungsgesetz kann der Arbeitgeber den Arbeitnehmer nicht mehr zwingen, sich kurzfristig für einen bestimmten Zeitraum zur ,,kapazitätsorientierten" Arbeit bereitzuhalten (→ Abrufverträge). Sofern längere Freizeitintervalle entstehen, sind die sozialversicherungsrechtlichen Folgen zu beachten (→ Blockfreizeit und Arbeitslosenversicherung; → Blockfreizeit und Krankenversicherung; → Blockfreizeit und Rentenversicherung).

Lit.: *Ottmann/De Voll/Schwarzenau* u.a. (1985)

KAPOVAZ → Kapazitätsorientierte variable Arbeitszeit.

Kernarbeitszeit → Kernzeit

Kernzeit

Zeitraum (Tag, Woche, Monat oder Jahr), während dessen der Arbeitnehmer am Arbeitsplatz anwesend sein (Sprechzeiten, Schalterstunden, Materialausgabe usw.)

bzw. sich für Besprechungen bereithalten sollte. Auch als Fix-, Sperr-, Kommunikations- oder Komplettbesetzungszeit bezeichnet. Sie ist in der Regel (doch nicht zwangsläufig) identisch mit der → Mindestarbeitszeit und beträgt gegenwärtig im allgemeinen sechs bis sieben Stunden. Keine Anwesenheitsverpflichtung besteht dagegen während der Gleitzeit. Eine Ausnahme von der Anwesenheitsverpflichtung gilt, sofern Kernzeitgleiten erlaubt ist. Auch bei der → Mehrstellenarbeit gibt es eine Kernzeit.

Kernzeitgleiten → Kernzeit

Kommunikationszeit → Kernzeit

Komplettbesetzungszeit → Mehrstellenarbeit, → Kernzeit

kontinuierliche Schichtarbeit

Drei- oder Mehrschichtbetrieb (Früh-, Spät-, Nachtschichten) mit Wochenendarbeit. Typisch ist diese durchlaufende Produktionsweise für die Eisen- und Stahlindustrie, die Zement- und Kalkindustrie, die Papiererzeugung, die Glasherstellung, die Porzellan- und feinkeramische Industrie, viele Prozesse der chemischen Industrie sowie den Bergbau und die Versorgungsbetriebe.

Lit.: *Stumpfe* (1981), *Steinel* (1977), S. 120 ff., *Rutenfranz/Werner* (1975)

Kurzpausen

Nur bei nicht unterbrechbaren Arbeiten im Dreischichtbetrieb haben Arbeitnehmer Anspruch auf bezahlte Kurzpausen angemessener Dauer. Diese Kurzpausen sind keine echten → Ruhepausen, sondern Erholungszeiten, die zur Arbeitszeit rechnen. Anderenfalls sind den männlichen Wechselschichtarbeitnehmern bei einer Arbeitszeit von mehr als sechs Stunden mindestens eine halbstündige oder zwei viertelstündige, unbezahlte Ruhepausen zu gewähren (§ 12 Abs. 2 AZO).

Langzeiturlaub

Über längere Perioden angesammelter (bezahlter oder unbezahlter) Sonderurlaub (Sabbatical) zur Verlängerung des Erholungsurlaubs, für die Weiterbildung, zum Hausbau oder für andere Zwecke, wie soziale Aktivitäten. Das Arbeitsverhältnis bleibt während dieser Zeit bestehen (Arbeitsplatzgarantie). Bei längerer Abwesenheit mehrerer Mitarbeiter muß vom Betrieb Vorsorge getroffen werden, sollen organisatorische Schwierigkeiten wegen der vakanten Arbeitsplätze sowie der Wiedereingliederung der Mitarbeiter nach Urlaubsende vermieden werden. Erfahrungen über die Akzeptanz und die Auswirkungen des Langzeiturlaubs liegen bisher noch nicht vor. Zu beachten sind die sozialversicherungsrechtlichen Folgen (→ Blockfreizeit und Arbeitslosenversicherung; → Blockfreizeit und Krankenversicherung; → Blockfreizeit und Rentenversicherung).

Beispiele:

Betrieb	Modell
Nixdorf Computer AG, Paderborn	Zusätzliche Freizeitwoche pro Jahr für alle AT-Angestellten, die zum Langzeiturlaub angespart werden kann (→ Nixdorf-Freizeitmodell)
Rank-Xerox GmbH, Düsseldorf	Freistellung bis zu sechs Monaten bei vollem Gehalt für Tätigkeiten im sozialen Bereich (→ Rank-Xerox-Sozialdienstmodell)
Bayer AG, Leverkusen	Zusätzlich zum Jahresurlaub gewährter Pensionsurlaub von drei Monaten (Arbeiter) bzw. sechs Monaten (Angestellte)
Klöckner-Humboldt-Deutz AG, Köln	Unterbrechungsjahr für Mitarbeiter zwischen 50 und 58 Jahren
Rolm Corporation (Kalifornien)	Voll bezahltes Unterbrechungsjahr alle sieben Jahre
Ciba-Geigy (Schweiz)	Finanziell geförderte, mehrmonatige Beratungstätigkeit in der Dritten Welt

Lebensarbeitszeitverkürzung

Die Lebensarbeitszeit hat sich vor allem während der 70er Jahre verkürzt. Maßgebende Ursachen hierfür waren die Verlängerung der Pflichtschulzeiten von bisher acht auf neun bis zehn Jahre und die frühzeitigere Pensionierung durch Herabsetzung des Rentenalters.

(1) Vorruhestandsgesetz („Tarifrente")
Das bis Ende 1988 befristete Vorruhestandsgesetz der Bundesregierung von 1984 gibt den Tarifparteien eine gesetzliche Grundlage zur Vereinbarung von Vorruhestandsgeldern für Arbeitnehmer, die das 58. Lebensjahr vollendet haben. Hiernach zahlt der Staat einen Zuschuß von fünfunddreißig Prozent zu einem Vorruhestandsgeld von mindestens fünfundsechzig Prozent des vorherigen Brutto-Arbeitsverdienstes. Voraussetzung: Der freigewordene Arbeitsplatz wird mit einem Arbeitslosen bzw. einem Arbeit suchenden Jugendlichen besetzt. In Betrieben bis zu zwanzig Arbeitnehmern wird auch die Einstellung eines Lehrlings anerkannt.
Der Empfänger des Vorruhestandsgeldes wie der Arbeitgeber haben weiterhin Sozialbeiträge zu entrichten, das Vorruhestandsgeld ist wie Arbeitslohn zu versteuern. Der begünstigte Arbeitnehmer darf nicht mehr als 390 DM monatlich hinzuverdienen. Betriebe mit einer ungünstigen Altersstruktur werden durch eine Überforderungsklausel geschützt.

(2) Vorruhestand/Altersfreizeiten in der Wirtschaft
In vielen Wirtschaftsbereichen vereinbarten Arbeitgeber und Gewerkschaften Lebensarbeitszeitverkürzungen für ältere Arbeitnehmer.

Beispiele:

Bereich	Inkrafttreten/ Altersgrenze	Voraussetzungen	Bezüge
Textil-Bekleidung	1.1.1985/58 Jahre	Mindestens fünfjährige Betriebszugehörigkeit. Zustimmung des Arbeitgebers, sofern Zahl der Anspruchsberechtigten zwei Prozent der Belegschaft übersteigt.	75 Prozent des letzten Bruttoentgelts
Chemie/Papier/ Keramik	1.9.1983/1.9.1987/ 58 Jahre	Jede zweite Woche eine vierstündige Altersfreizeit, ab 1.1.1987 jede Woche (→ gleitende Pensionierung)	Durchschnittsverdienst (inkl. Schichtzuschlägen) für die verkürzte Arbeitszeit weitergezahlt

Lit.: *Glaubrecht/Wagner/Zander* (1985), iwd (1984), 30, S. 7, o. V. (30. 3. 1984), S. 2

Lebensteilzeitarbeit → gleitende Pensionierung

Mehrarbeit

Formaljuristisch wird zwischen zwingend zuschlagspflichtiger Mehrarbeit (Überschreitung der gesetzlich zulässigen regelmäßigen werktäglichen Arbeitszeit von acht Stunden) und Überstunden (Überschreitung der regelmäßigen betrieblichen Arbeitszeit, also der tariflichen Wochenarbeitszeit) unterschieden.

Mehrarbeitszuschläge belaufen sich in der Regel auf 25 Prozent des Stundenentgelts, ab der dritten Mehrarbeitsstunde häufig bis zu 50 Prozent (ohne Nacht-, Sonntags-, Feiertagszuschläge). Auch wenn Mehrarbeit durch Freizeit ausgeglichen wird, ist der Mehrarbeitszuschlag vielfach zu bezahlen, sofern er nicht ebenfalls durch zusätzliche Freizeit ausgeglichen wird. Mehrarbeit ist damit die teuerste Beschäftigungsart. Nach dem Inkrafttreten der neuen tarifvertraglichen Regelungen, aber auch durch das Beschäftigungsförderungsgesetz 1985 läßt sie sich bei entsprechender Arbeitszeitplanung häufig vermeiden.

In den zur Zeit gültigen Manteltarifverträgen der Bundesrepublik Deutschland sind der zulässige Umfang der Mehrarbeit sowie Möglichkeiten des → Zeitausgleichs individuell geregelt.

Nach der neuen Arbeitszeitregelung in der Metallindustrie liegt Mehrarbeit nur dann vor, wenn der Durchschnitt der individuellen vertraglichen Arbeitszeit überschritten wird. Bei einer individuellen regelmäßigen Wochenarbeitszeit von 40 Stunden liegt also keine Mehrarbeit vor, wenn der Arbeitnehmer vier Wochen 48 Stunden arbeitet und im darauffolgenden Monat nur 32 Stunden. Mehrarbeit liegt hier erst dann vor, wenn das individuell vereinbarte Arbeitsvolumen von durchschnittlich 40 Wochenstunden überschritten wird, also ab der 41. Wochenstunde. Die unregelmäße Verteilung innerhalb der Zweimonatsfrist (vier Wochen à 48 Stunden) löst keine Mehrarbeitszuschläge aus.

Von 1970 bis 1984 ist die Zahl der jahresdurchschnittlich je Beschäftigten geleisteten Zahl an Überstunden von reichlich 156 auf 71,5 Stunden gesunken.

Lit.: *Tippmann* (1985), *Wünsche* (1985), S. 91, S. 146ff, *Hof* (1984)

Mehrstellenarbeit

Eine Gruppe von Mitarbeitern betreut mehrere Maschinen. Werden Arbeitsbeginn, Arbeitsende und Pausen zeitversetzt angeordnet, lassen sich bei Mehrstellenarbeit die Betriebszeit und die Nutzungsdauer der Anlagen verlängern. Nur während der „Komplettbesetzungszeit" sind alle Gruppenmitglieder anwesend. In diesem Zeitraum sollten alle planbaren Stillstandszeiten (Einrichten, Umrüsten, Werkzeugwechsel u. a.) liegen, während Reinigung, vorbeugende Instandhaltung u. a. außerhalb der Betriebszeit erfolgen könnten.

Lit.: *Eberhardt* (1985)

Mindestanwesenheitszeit → Kernzeit

Mindestarbeitszeit

Täglich mindestens abzuleistende Arbeitszeit; sie kann mit der → Kernzeit identisch sein. Doch ist auch denkbar, eine längere Mindestarbeitszeit zu vereinbaren, um zu vermeiden, daß bei einer sehr kurzen Kernzeit die tägliche Arbeitszeit zu gering ist. Ebenso kann die Entscheidung über die Dauer der Arbeitszeit aber auch dem Mitarbeiter unter Beachtung der Arbeitszeitverordnung überlassen werden („variable Arbeitszeit").

Monatsgleitzeit

Innerhalb vorgegebener Bandbreiten (Zeitrahmen) können Dauer und Lage der Arbeitszeit während des Monats vom Arbeitnehmer frei gewählt werden. In der übrigen Zeit (Kernzeit) besteht dagegen Anwesenheitspflicht.

Beispiele:

Gleitzeit	Kernzeit	Gleitzeit
1. Woche	2. Woche 3. Woche	4. Woche

Gleitzeit	Kernzeit	Gleitzeit
1. bis 10. Januar	10.-25. Januar	25. bis 31. Januar

Nachtschicht

In den meisten Berufen, für die Nachtschichtarbeit typisch ist (Dienst- und Wachberufe, Chemiearbeiter, Maschinisten, Verkehrsberufe, Seelsorger), wird sie nur von einer Minderheit geleistet. Nachtschichtarbeit kann sich ungünstig auswirken auf Schlaf, Wohlbefinden, Leistung, soziales Leben und Gesundheit der Schichtarbeiter. Ob dies tatsächlich der Fall ist, hängt neben der Gestaltung des → Schichtsystems jedoch stets auch von allen übrigen Einflußfaktoren (Arbeitsanforderungen, Belastbarkeit des Schichtarbeiters, sonstige Arbeitsbedingungen) ab: Eine zwölfstündige Nachtschicht mit geringer mentaler und energetischer Belastung kann den Arbeitnehmer unter Umständen weniger beanspruchen als eine achtstündige Nachtschicht mit körperlicher Schwerarbeit. So empfinden beispielsweise Chemiearbeiter Nachtschichten generell weniger belastend als Stahlarbeiter. Unter optimalen Bedingungen lassen sich Gesundheitsstörungen jedenfalls auch bei Nachtschichtarbeit vermeiden.

Arbeitsphysiologisch sind vor allem Dauernachtschichten abzulehnen, weil der Schlaf zwischen zwei und nach Nachtschichten quantitativ immer verkürzt ist (statt etwa 7,5 bis 9,5 Stunden nur etwa 4 bis 6 Stunden) und wegen der auf Aktivität geschalteten Phase des Nervensystems auch qualitativ beeinträchtigt, das heißt weniger erholsam ist. Die Anpassungsschwierigkeiten des Organismus und die Schlafdefizite sind um so geringer, je kleiner die Zahl der aufeinanderfolgenden Nachtschichten ist. Zwei bis drei aufeinanderfolgende Nachtschichten sind noch vertretbar, optimal dagegen nur vereinzelte (eingestreute) Nachtschichten (→ Re-entrainment). Nach der Arbeitszeitordnung ist ohnehin nur eine bestimmte → Schichtfolge zulässig. Auf eine Nachtschicht kann nur eine weitere Nachtschicht oder eine Freischicht folgen.

Empfehlenswert wäre, Nachtarbeitszuschläge wenigstens teilweise nicht mehr durch Geldzulagen (bis zu 30 Prozent des Grundlohnes), sondern durch Zusatzurlaub auszugleichen. Hier ist eine Korrektur jahrelanger Versäumnisse der Tarifpolitik nötig.

Lit.: *Rutenfranz/Knauth* (1981), S. 68 ff., *Knauth/Ernst/Schwarzenau/Rutenfranz* (1981), S. 2, *Hunold* (1980), S. 325 ff., *Rutenfranz/Knauth/Küpper/Romahn/Ernst* (1980), S. 136 ff., *Sehrt* (26. 3. 1979), *Münstermann/Preiser* (1978), S. 118 ff., *Rutenfranz* (1974), *Rutenfranz* (1967)

nichtkontinuierliche Schichtarbeit

Arbeit im Zweischichtbetrieb ohne Nachtarbeit und Wochenendarbeit (Dreischichtbetrieb: → diskontinuierliche Schichtarbeit); von allen Schichtsystemen am verbreitetsten: In der Bundesrepublik Deutschland leisten etwa fünf Millionen Beschäftigte nichtkontinuierliche Schichtarbeit. Mit zunehmender Kapitalintensität wird der Zweischichtbetrieb wachsen. Je mehr der Dispositionsspielraum in bezug auf Arbeitsinhalt und Schichtarbeitszeit (Dauer und Lage) erweitert wird (→ flexible Schichtarbeit), um so eher läßt sich die tendenziell negative Einschätzung der Statusaspekte der Wechselschichtarbeit verhindern.

Lit.: *Fürstenberg/Steininger* (1984)

Nixdorf-Freizeitmodell

Nach diesem Freizeitmodell können die außertariflichen Angestellten folgende drei Varianten kombinieren:

(1) Beliebig langes Ansammeln eines zusätzlich zu dem sechswöchigen Erholungsurlaub gewährten Freizeitanspruchs von etwa einer Woche pro Jahr zu einem größeren Freizeitblock, der für einen längeren Erholungsurlaub (mit zusätzlichem Freizeitgeld) oder einen längeren Bildungsurlaub (mit Bildungszuschuß von maximal 120 DM pro Tag und Freizeitgeld) verwendet wird.

(2) Verlängerung des Jahresurlaubs um eine Woche zur zusätzlichen Erholung oder als Bildungsurlaub.

(3) Abgeltung des Freizeitanspruchs (mit Bezügen und Freizeitgeld).

So kann ein Arbeitnehmer diese Varianten zum Beispiel derart nutzen, daß er nach fünf Jahren von dem angesparten Freizeitanspruch von 25 Tagen zwanzig Tage für Bildungsaktivitäten verwendet, die verbleibenden fünf Tage dagegen, um seinen Erholungsurlaub zu verlängern.

Lit.: *Nixdorf Computer AG* (1983)

Partner-Teilzeitarbeit → Job sharing

Pausen

Während → Ruhepausen unbezahlte Erholungspausen sind, rechnen → Kurzpausen zur Arbeitszeit, werden also vergütet. Vgl. auch → Pausendurchlauf.

Pausendurchlauf

In kapitalintensiven Betrieben lassen sich die durch Pausen und persönliche Bedürfnisse bedingten Maschinenstillstandzeiten dadurch verringern, daß die Anlagen in den Pausen nicht mehr abgeschaltet werden. Der „technische Pausendurchlauf" erfolgt ganz ohne Personal, während andernfalls Springer einzusetzen sind. Die Pausenlage ist dann individuell bzw. nach einem Pausenplan festzulegen.

Lit.: *Kugland* (1984)

Pensionsurlaub → Langzeiturlaub

Rank-Xerox-Sozialdienstmodell

Grundgedanke des 1971 von dem amerikanischen Konzern *Xerox Corp.* entworfenen und seit 1974 auch von der deutschen Gesellschaft angebotenen *Rank-Xerox*-Sozialdienstmodells: „Zeit für Sie – um anderen zu helfen". Jeder Mitarbeiter hat die Möglichkeit, für mindestens einen Monat bzw. höchstens sechs Monate für jede Art sozialer Dienste bei voller Bezahlung freigestellt zu werden. Voraussetzung ist eine Betriebszugehörigkeit von mindestens drei Jahren und die Berücksichtigung wichtiger betrieblicher Belange. Ein Auswahlkomitee entscheidet über den Vorschlag des Interessenten, der nach seiner Rückkehr wieder in der gleichen oder einer ähnlichen Position beschäftigt wird. Für die Dauer der Beurlaubung wird die Arbeit von Kollegen mit übernommen oder von Aushilfskräften erledigt.

In den vergangenen zehn Jahren haben sich insgesamt nur etwa 25 Mitarbeiter für einen solchen Sozialdiensturlaub entschieden. Viele Arbeitnehmer fürchten, während ihrer Abwesenheit den Anschluß an die wirtschaftliche und technische Entwicklung im Betrieb zu verlieren.

Lit.: o. V. (25. 4. 1984)

Re-entrainment

Vorgang der Wiederanpassung des Circadianrhytmus physiologischer Funktionen (Pulsschlag, Atmung usw.) im Anschluß an eine Nachtschicht mit entsprechender Verschiebung von Arbeit und Schlaf. Als Index für diesen Anpassungsprozeß wird häufig die Körpertemperatur benutzt. Sie ist deutlich von der Schichtform abhängig. Während der Circadianrhytmus am ersten freien Tag nach einer Frühschichtwoche wieder seinen normalen Verlauf erreicht, gilt das nicht für den ersten freien Tag nach einer Nachtschichtwoche. Als ideal gelten daher nur Schichtsysteme mit eingestreuten Nachtschichten.

Lit.: *Knauth/Ernst/Schwarzenau/Rutenfranz* (1981)

Referenzprinzip

Regelung des → Freizeitanspruchs für freie Tage nach dem Referenzprinzip besagt, daß auch an freien Tagen die Arbeitszeit mit 7,7 Stunden bewertet wird. Entscheidend ist also die individuelle regelmäßige Wochenarbeitszeit. Der Anspruch auf Freizeit kann hier nur durch Arbeit erworben werden (anders: → Ausfallprinzip).

Regelarbeitszeit → tarifliche Wochenarbeitszeit

regelmäßige wöchentliche Arbeitszeit → tarifliche Wochenarbeitszeit

Rückwärtswechsel

Auch als Rückwärtsrotation bezeichnete → Schichtfolge, bei der auf die Nachtschicht stets eine Spät- und dann eine Frühschicht folgen: NSF.

Ruhepausen

Männlichen Arbeitskräften sind bei einer Arbeitszeit von mehr als sechs Stunden mindestens eine halbstündige oder zwei viertelstündige unbezahlte Ruhepausen zu gewähren (§ 12 Abs. 2 AZO). Für weibliche Arbeitskräfte gilt nach § 18 AZO eine differenzierte Pausenregelung. Nur bei → Kurzpausen besteht Anspruch auf Vergütung.

Wenn der Betrieb nun Ruhepausen trotzdem bezahlt, kann diese freiwillige Leistung auf eine Arbeitszeitverkürzung mit Lohnausgleich angerechnet werden. Ein Arbeitnehmer, der bisher bei einer Arbeitszeit von acht Stunden pro Tag dreißig Minuten bezahlte Pause erhielt und zukünftig nur noch 37,5 Wochenstunden mit vollem Lohnausgleich arbeitet, muß sich die in seiner neuen Arbeitszeit enthaltene Pause nach der Arbeitszeitverordnung voll anrechnen lassen: Die Pause wird zukünftig also nicht mehr bezahlt.

Arbeitet er jedoch mehr als 37,5 Stunden, darf die bezahlte Pause nur teilweise angerechnet werden, bei 38,5 Stunden (= 7 Stunden und 42 Minuten pro Tag) also nur achtzehn Minuten.

Lit.: *Ziepke,* Anrechnung (1985)

Sabbatical → Langzeiturlaub

Saisonarbeit

Die jährliche Arbeitszeit ist verkürzt (Jahresteilzeitarbeit) und auf bestimmte Wochen oder Monate (Saison) begrenzt (befristete Teilzeitarbeit). Zu beachten sind die sozialversicherungsrechtlichen Folgen der dadurch entstehenden Blockfreizeit (→ Blockfreizeit und Arbeitslosenversicherung; → Blockfreizeit und Krankenversicherung; → Blockfreizeit und Rentenversicherung).

Samstagsarbeit

Die Zahl der immer oder gelegentlich auch samstags Arbeitenden wird gegenwärtig auf etwa sechs Millionen Arbeitnehmer geschätzt, davon allein zwei Millionen Beschäftigte im Einzelhandel sowie viele in der Land- und Forstwirtschaft, in Kraft- und Wasserwerken, bei der Bahn und Post sowie als Bus- und Taxifahrer.

Mit zunehmender Arbeitszeitverkürzung und Kapitalintensivierung dürfte der Bedarf an Samstagsarbeit sowie an → Wochenendarbeit steigen. Der → Zeitausgleich kann zum Beispiel durch einen beliebigen arbeitsfreien Wochentag oder eine freie Woche pro Monat für Schichtarbeiter attraktiv gestaltet werden.

Ob und unter welchen Voraussetzungen Samstagsarbeit möglich ist, ist in den regionalen Tarifverträgen individuell geregelt. Nach dem neuen Tarifvertrag der Metallindustrie kann beispielsweise vereinbart werden, daß der Samstag Regelarbeitszeit ist. Im Rahmen von → Jahresarbeitszeitverträgen kann Samstagsarbeit als Zeitreserve eingeplant werden.

Lit.: *iwd* (1985), 16

Santa-Clara-Bandbreitenmodell → Teilzeit à la carte

Schichtarbeit

Aufteilung der Betriebszeit in mehrere Zeitabschnitte mit versetzten Anfangszeiten bzw. unterschiedlicher Lage sowie unterschiedlicher Dauer. In der Praxis finden sich Schichtsysteme ohne Nachtarbeit (zwei Schichtbelegschaften mit Frühschicht und Spätschicht), Dauernachtschichten (eine Schichtbelegschaft), Schichtsysteme mit Nachtarbeit (→ Nachtschicht), also diskontinuierliche Schichtarbeit mit drei oder mehr Schichtbelegschaften und Schichtsysteme mit Nacht- und Wochenendarbeit (kontinuierliche Schichtarbeit). Die Schichtdauer kann die übliche Wochenarbeitszeit unterschreiten (→ Teilzeitschicht) bzw. die übliche Tagesarbeitszeit überschreiten, wie es bei den Zwölfstundenschichten in der chemischen Industrie teilweise üblich ist.

Die Konsequenzen der Schichtarbeit für Schlaf, Wohlbefinden, Leistung, soziales Leben und Gesundheit sind abhängig vom → Schichtsystem, der Arbeitsfähigkeit und Belastbarkeit des Schichtarbeiters, den übrigen Arbeitsbedingungen, der Wohnsituation und dem Familienleben. Beispielsweise ist bei Spätschichten die frei verfügbare Zeit am kürzesten und sie behindern die sozialen Kontakte der Schichtarbeiter in besonderem Maße. Dagegen ist zwischen zwei und nach Nachtschichten der Tagesschlaf immer beeinträchtigt, ebenso vor Frühschichten.

Die Abhängigkeit des Verhaltens der Schichtarbeiter vom jeweiligen Schichtsystem kann mit Hilfe von „Time budget studies", die die Arbeitszeit, Wegezeit, Schlafzeit und freie Zeit in Tagesprotokollen (Tagebüchern) ermitteln, gemessen werden.

Tendenziell steigt die durchschnittliche Verweildauer der Schichtarbeiter seit Jahren, was überwiegend finanziell begründet ist. Heutige Schichtarbeiter sind durchschnittlich schon 14 Jahre mit Schichtarbeit beschäftigt.

Potentielle Gefahren der Schichtarbeit sollte man nicht, wie jahrelang praktiziert, durch finanzielle Anreize zu kompensieren versuchen, sondern durch verbesserte Arbeitsbedingungen (Abbau von Mehrfachbelastungen, betriebsärztliche Versorgung, Ruheräume, warme Verpflegung, Schlaferlaubnis während des Bereitschaftsdienstes u. a.), bessere Wohnbedingungen (Verkehrsberuhigung, Schallisolierung) und → flexible Schichtarbeit sowie die Selbst- und Fremdselektion der für Schichtarbeit wenig geeigneten Arbeitskräfte. Dabei ist allerdings zu berücksichtigen, daß die Änderung jahrelang verwendeter Schichtsysteme, an die sich die Schichtarbeiter und ihre Familien gewöhnt haben, nie reibungslos vonstatten gehen wird. Auch aus diesem Grund erscheint es unerläßlich, die Schichtarbeiter bei der Auswahl des zu realisierenden Schichtsystems mitentscheiden zu lassen und zu starke Unregelmäßigkeiten von Schichtfolgen und Schichtzeiten zu vermeiden.

Nach der Arbeitszeitordnung (§§ 3 bis 11, § 14 AZO) darf die Arbeitszeit nur in Sonderfällen von acht auf zehn oder mehr Stunden verlängert werden. Außerdem ist nicht jede → Schichtfolge erlaubt. Sonderregelungen gelten für gewerbliche Frauen (→ Schichtarbeit gewerblicher Frauen), werdende und stillende Mütter (→ Schichtarbeit werdender und stillender Mütter) sowie Jugendliche (→ Schichtarbeit Jugendlicher).

Lit.: *Ernst/Diekmann/Nachreiner* (1984), *Knauth/Brockmann/Schwarzenau/Rutenfranz* (1982), *Kehlert/Tiemann* (1982), *Knauth/Ernst/Schwarzenau/Rutenfranz* (1981), *Bilitza* (1981), *Baer/Ernst/Nachreiner/Schay* (1981), *Stumpfe* (1981), *Werner/Borchardt/Frielingsdorf/Romahn* (1980), *Rutenfranz/Knauth/Küpper/Romahn/Ernst* (1980), S. 1 ff., *Rutenfranz/Werner* (1975), Rutenfranz (1974), *Loskant* (1970)

Schichtarbeit gewerblicher Frauen

Für gewerbliche Frauen (nicht Angestellte) ist § 19 Abs. 2 AZO zu beachten: Sie dürfen in mehrschichtigen Betrieben grundsätzlich nur bis 23 Uhr beschäftigt werden. Ausnahmen sind möglich im Rahmen des § 20 Abs. 1 AZO: Die Arbeitsministerien der Bundesländer entscheiden im Rahmen des § 20 Abs. 1 AZO in einem paritätisch besetzten „Beirat für Frauen-Nachtarbeit". Die Frühschicht darf regelmäßig frühestens um fünf Uhr beginnen (§ 19 Abs. 2 AZO).

Schichtarbeit Jugendlicher

Nach § 14 Abs. 3 Nr. 2 JArbSchG ist Jugendlichen die Arbeit im Mehrschichtbetrieb ab 6 Uhr und bis 23 Uhr erlaubt. Eine Ausnahme gilt für die einem Berufsschultag unmittelbar vorausgehenden Tage, an denen der Unterricht vor 9 Uhr beginnt (§ 14 Abs. 4 JArbSchG).

Nach § 12 JArbSchG darf die Schichtdauer zehn Stunden, im Bergbau unter Tage acht Stunden, im Gaststättengewerbe elf Stunden nicht überschreiten.

Schichtarbeit werdender und stillender Mütter

Werdende und stillende Mütter dürfen zwischen 20 Uhr und 6 Uhr nicht arbeiten, keine Mehrarbeit über 8,5 Stunden pro Tag leisten (unter 18 Jahren über acht Stunden) (§ 8 Abs. 1 und Abs. 2 Nr. 2 und 3 MuSchG).

Schichtdauer

Länge der täglichen Schichten; sie sollte sich unter anderem nach der Arbeitsschwierigkeit richten, bei schwerer Nachtarbeit also beispielsweise sechs bis sieben Stunden nicht überschreiten, während bei sehr leichter Arbeit oder Bereitschaftsdienst unter Umständen auch eine Schichtdauer von zehn oder zwölf Stunden vertretbar ist. Die

Dauer der Nachtschicht sollte grundsätzlich kürzer sein als die der Früh- und Spätschicht.

Lit.: *Rutenfranz/Knauth* (1981), S. 68ff.

Schichtfolge

Reihenfolge von Früh-, Spät- und Nachtschichten. Dabei wird zwischen Vorwärtswechsel oder Vorwärtsrotation (FSN) und Rückwärtswechsel oder Rückwärtsrotation (FNS) unterschieden. Bestimmte Schichtfolgen sind nach der Arbeitszeitordnung (§ 12 Abs. 1) nicht zulässig, da die arbeitsfreie Zeit zwischen zwei Schichten mindestens elf Stunden betragen muß. Damit ist beispielsweise ausgeschlossen, daß einer Nachtschicht unmittelbar eine Frühschicht oder eine Spätschicht folgen. Gleiches gilt für die einer Spätschicht unmittelbar folgende Frühschicht. Weitere unzulässige Schichtfolgen: NSF, SSF, SFFN. Insgesamt sind beim Rückwärtswechsel mehr Schichten ausgeschlossen als beim Vorwärtswechsel, der größeren Handlungsspielraum bietet. Erlaubt sind beispielsweise die Schichtfolgen FFSN, FFN, FSS. Vgl. auch → Re-entrainment.

Lit.: *Knauth/Brockmann/Schwarzenau/Rutenfranz* (1982)

Schichtintervall

Freizeitperiode bei einem Wechsel der Schichtfolge (→ Schichtsystem).

Schichtlänge → Schichtdauer

Schichtperiode → Schichtwechselperiodik

Schichtsystem

Als Schichtsystem wird die Kombination von Merkmalen wie → Schichtdauer, → Schichtfolge, → Schichtwechselperiodik, → Schichtwechselzeiten, →Schichtzyklusdauer u.a. in einem konkreten Arbeitszeitsystem bezeichnet. Typisches Schichtsystem für Betriebe mit diskontinuierlicher Schichtarbeit:

Woche	Mo.	Di.	Mi.	Do.	Fr.	Sa.	So.
1.	F	F	F	F	F	–	–
2.	N	N	N	N	N	–	–
3.	S	S	S	S	S	–	–

Schichtwechselzeiten: 6.00/14.00/22.00 Uhr
Schichtdauer (-länge): Acht Stunden
Schichtzyklusdauer: Drei Wochen
Wochenarbeitszeit: Vierzig Stunden
Schichtfolge: FNS (Rückwärtswechsel)

Schichtwechselperiodik: wöchentlich
Schichtintervall: zwischen Früh- und Nachtschichtperiode 80 Stunden; an den beiden anderen Wochenenden 56 Stunden.

Schichtwechsel → Schichtfolge

Schichtwechselperiodik

Häufigkeit des Schichtwechsels. In der Regel wird die Schicht nur jede Woche gewechselt. So wird beispielsweise in der Stahlindustrie sieben Nachtschichten hintereinander gearbeitet. Arbeitsphysiologen empfehlen dagegen, nach jedem zweiten Tag die Schicht zu wechseln und nur „eingestreute Nachtschichten" zuzulassen. Als empfehlenswert gelten daher das kurz rotierende „metropolitan rota" und das „continental rota":

	2-2-2-System („metropolitan rota") FF SS NN – –	2-2-3-System („continental rota") FF SS NN – – FSN –
Arbeitstage/freie Tage	6/2	9/3
Schichtzyklusdauer	8 Wochen	12 Wochen
freie Wochenenden	1	1

Beispiel:

Woche \ Tage	2–2–2–System („metropolitan rota")						
	Mo	Di	Mi	Do	Fr	Sa	So
1.	F	F	S	S	N	N	–
2.	–	F	F	S	S	N	N
3.	–	–	F	F	S	S	N
4.	N	–	–	F	F	S	S
5.	N	N	–	–	F	F	S
6.	S	N	N	–	–	F	F
7.	S	S	N	N	–	–	F
8.	F	S	S	N	N	–	–

Lit.: *Stumpfe* (1981); S. 76 ff., *Rutenfranz/Knauth* (1981), S. 68 ff., *Münstermann/Preiser* (1978), S. 44 f., *Steinel* (1977), S. 109, *Rutenfranz* (1974)

Schichtwechselzeiten

Uhrzeit des Beginns und Endes einer Schicht. Die meisten Schichtwechselzeiten liegen in Industriebetrieben bei 6/14/22 Uhr, doch gibt es davon auch beträchtliche Abweichungen. So wird häufig auch zwischen 5 und 6 Uhr begonnen. Besonders ungünstig ist der Nachtschichtwechsel um 22 Uhr, wie er in der Stahlindustrie verbreitet ist, weil hier für den Spät- wie Nachtschichtarbeiter der Feierabend beeinträchtigt wird. Durch Absprache-Gleitzeit lassen sich die Schichtwechselzeiten flexibilisieren.

Da vor Frühschichten der Tagesschlaf erfahrungsgemäß verkürzt ist, empfiehlt es sich, diese Schichten nicht zu früh beginnen zu lassen, also beispielsweise nicht vor sechs Uhr.

Empfehlungen zu den Schichtwechselzeiten von

	Carow:	Hettinger:
1. Schicht	2– 8 Uhr (6 Stunden)	0– 7 Uhr (7 Stunden)
2. Schicht	8–18 Uhr (10 Stunden)	7–16 Uhr (9 Stunden)
3. Schicht	18– 2 Uhr (8 Stunden)	16– 0 Uhr (8 Stunden)

Zu berücksichtigen sind hierbei die Unterschiede zwischen ein- und zweiphasigem Schlaftyp sowie die Tatsache, daß der typische Geistesarbeiter unter Umständen nachts (bis 2 Uhr) seine günstige Arbeitsdisposition erreicht.

Lit.: *Münstermann/Preiser* (1978), S. 42, *Carow* (1972), S. 157 ff.

Schichtzyklus → Schichtzyklusdauer

Schichtzyklusdauer

Die Schichtzyklusdauer (-zeit) bezieht sich auf den Zeitraum, nach dem der Schichtzyklus (Schichtplan) von vorne, das heißt mit demselben Wochentag beginnt. Sie sollte auf einige Wochen begrenzt werden, da der Schichtarbeiter sonst leicht den Überblick verliert. Bei dem ,,2-2-2-System" (,,metropolitan rota") mit je zwei aufeinanderfolgenden Früh-, Spät-, Nacht- und Freischichten, also sechs Arbeits- und zwei freien Tagen, beträgt die Zyklusdauer acht Wochen. Bei dem ,,2-2-3-System" (,,continental rota") mit neun Arbeitstagen und drei freien Tagen (FF SS NN – – FSN –) beträgt die Zyklusdauer zwölf Wochen (→ Schichtwechselperiodik).

Lit.: *Rutenfranz/Knauth* (1981), S. 68 ff.

Sparkassenmodell

Als Sparkassenmodell werden gleichmäßige Lohnzahlungen trotz ungleicher individueller Wochenarbeitszeit bezeichnet: Bei einer → individuellen vertraglichen Wochenarbeitszeit von vierzig Stunden und einer → individuellen tatsächlichen Wochenarbeitszeit von achtundvierzig bzw. zweiunddreißig Stunden erhält der Arbeitnehmer auch im Monat mit einer Achtundvierzigstundenwoche nur ein Entgelt für vierzig Stunden. Die überschüssigen acht Stunden werden dagegen angespart und im folgenden Monat mit zweiunddreißig Wochenstunden ausgezahlt.

Solche kontinuierlichen Entgeltzahlungen sind weiterhin bei längeren Freizeitintervallen (→ Blockfreizeit) wichtig, um den sozialversicherungsrechtlichen Schutz zu gewährleisten.

Lit.: *Hof* (1984)

Sperrzeit → Kernzeit

Spill-over-Effekt

Wenn die Arbeitsbelastung der Belegschaft mit sinkender Arbeitszeit zunehmen sollte, erhöht sich der für die Erholung notwendige Freizeitanteil und die Arbeitsintensivierung strahlt auf den Freizeitbereich über.

Lit.: *Rinderspacher* (1984)

Stundentausch → Absprache-Gleitzeit

Swingtime

Individueller Ausgleich von Zeitguthaben und Zeitschulden (→ Zeitausgleich) innerhalb einer Woche.

Tagesgleitzeit

Beginn und Ende sowie Lage der Tagesarbeitszeit können innerhalb vorgegebener Bandbreiten (Zeitrahmen) vom Arbeitnehmer frei gewählt werden, während in der Kernzeit Anwesenheitspflicht besteht (Ausnahme: Kernzeitgleiten). Die Gleitzeitspanne sollte mindestens 1,5 Stunden betragen und am Ende der Arbeitszeit größer sein als am Anfang. Dies ist allerdings nicht immer zu verwirklichen.

Beispiel:

tarifliche Wochenarbeitszeit

1984 und im ersten Halbjahr 1985 wurde die tarifliche Wochenarbeitszeit für rund fünf Millionen Beschäftigte auf in der Regel 38,5 Stunden verkürzt. Auch nach der neuen Arbeitszeitregelung in der Metall-, Druck- und Papierindustrie muß die betriebliche durchschnittliche Wochenarbeitszeit der Vollbeschäftigten ab 1. April 1985 im Vierwochenzeitraum 38,5 Stunden betragen (tarifliche wöchentliche Arbeitszeit ohne Pausen). Der Nachweis, daß der Durchschnitt dieser tariflichen Wochenarbeitszeit eingehalten wurde, muß monatlich erbracht werden. Für Teile des Betriebes, Gruppen von Arbeitnehmern oder einzelne Personen kann die → individuelle vertragliche Wochenarbeitszeit jedoch zwischen 37 und 40 Stunden schwanken, sofern sie nur im Durchschnitt des Betriebes 38,5 Stunden beträgt. Teilzeitkräfte bleiben bei der Ermittlung dieses Durchschnitts aus der Summe der individuellen vertraglichen Wochenarbeitszeiten unberücksichtigt.

Berechnungsbeispiel:

Individuelle Vertragsarbeitszeit pro Woche in Stunden	Zahl der Vollbeschäftigten	Individuelle Vertragsarbeitszeit pro Woche x Zahl der Vollbeschäftigten
37	100	3 700
38,5	200	7 700
40	100	4 000
	400	15 400

Durchschnittliche Wochenarbeitszeit der Vollbeschäftigten $= \frac{15400}{400} = 38,5$ Stunden

Wie in der Metall- und Druckindustrie 1984 wurde auch für den Einzelhandel 1985 eine tarifliche Wochenarbeitszeit von 38,5 Stunden (ab 1.1.1986) vereinbart. Diese Wochenarbeitszeit muß sich im Durchschnitt eines Kalenderjahres ergeben. Durch Betriebsvereinbarung kann jedoch auch eine Regelarbeitszeit von vierzig Wochenstunden (ohne Mehrarbeitszuschläge) vereinbart werden.

Im Handwerk wurde 1985 in vielen Betrieben die tarifliche Wochenarbeitszeit ebenfalls auf 38,5 Stunden verkürzt. Auch sie können die Arbeitszeit zwischen 37 und 40 Stunden variieren, wenn der Zeitausgleich innerhalb von drei Monaten erfolgt. Im Unterschied zur Metallindustrie gilt diese Regelung jedoch nur für ganze Betriebe, nicht für einzelne Arbeitnehmer.

Lit.: *Derschka/Gottschall* (1984), S. 23, *Hof* (1984)

Tarifrente → Lebensarbeitszeitverkürzung

Tauschbörse

Über Absprache-Gleitzeit hinaus kann die Schichtarbeit durch Tauschbörsen weiter flexibilisiert werden: Schichtarbeiter gleicher Qualifikation können innerhalb vorgegebener Restriktionen (vgl. z.B. → Schichtfolge) nicht nur Stunden, sondern ganze Schichttage oder komplette Schichtwochen tauschen. Die Tauschwünsche könnten zum Beispiel auf kleinen Formblättern, die an ein schwarzes Brett geheftet werden, angezeigt werden. Darüber hinaus ist jedem Schichtarbeiter eine Liste möglicher Tauschpartner gleicher Qualifikation auszuhändigen. In einem Tauschbuch, das bei dem Meister hinterlegt werden kann, sind die getauschten Tage oder Wochen zu vermerken (Stammnummer der Tauschpartner, Datum und Uhrzeit des Tauschtermins, Unterschriften von Meister und Tauschpartnern). Umfassend sind Tauschbörsen nur dann einsetzbar, wenn sich eine ausreichend große Zahl gleich oder ähnlich qualifizierter Tauschpartner findet.

Lit.: *Knauth/Ernst/Schwarzenau/Rutenfranz* (1981), *Teriet* (1977)

technischer Pausendurchlauf → Pausendurchlauf

Teildienst → Teilschichtdienst

teilkontinuierliche Schichtarbeit → diskontinuierliche Schichtarbeit

Teilschicht → Teilzeitschicht

Teilschichtdienst

Arbeitsunterbrechungen von mehrstündiger Dauer in nachfrageschwachen Zeiten (vgl. Hotel- und Gaststättengewerbe) führen zu ausgedehnter arbeitsgebundener Zeit. Negative soziale und gesundheitliche Wirkungen sind dadurch nicht auszuschließen.

Teilzeit à la carte

Arbeitnehmer wählen Dauer der Arbeitszeit (beispielsweise zwischen zwanzig und neunzig Prozent der tariflichen Arbeitszeit) und ihre Lage (Früh-, Spät- und Nachtschicht, Gleittage, -wochen, -monate, Blockteilzeitarbeit u. a.) entsprechend ihren Wünschen nach vorgegebenen Optionen (Auswahlbandbreiten) des Betriebes. Diese ursprünglich zur Vermeidung von Entlassungen eingesetzte innovative Möglichkeit der Arbeitszeitflexibilisierung wird auch als ,,Santa-Clara-Bandbreitenmodell" bezeichnet und findet sich häufig in den Vereinigten Staaten, noch selten dagegen in Deutschland *(Beck-Feldmeier KG, Cannstatter Volksbank)*. Beispiel: Eine Sachbearbeiterin arbeitet – bei gleitender Arbeitszeit – montags, dienstags und freitags je vier Stunden vormittags, mittwochs und donnerstags je acht Stunden.

Lit.: *Teriet*, Krise (1981)

Teilzeitarbeit

In dem Beschäftigungsförderungsgesetz 1985 wird Teilzeitarbeit erstmalig modifiziert: ,,Teilzeitbeschäftigte sind die Arbeitnehmer, deren regelmäßige Wochenarbeitszeit kürzer ist als die regelmäßige Wochenarbeitszeit vergleichbarer vollzeitbeschäftigter Arbeitnehmer des Betriebes."

Nach dem Tarifvertrag der Metallindustrie (1984) gelten als Teilzeitbeschäftigte alle Arbeitnehmer mit einer individuellen vertraglichen Wochenarbeitszeit von weniger als 37 Stunden. Ihre Arbeitszeitdauer ist nicht Gegenstand von Betriebsvereinbarungen, sondern ihrer Arbeitsverträge. Umfang der Teilzeitarbeit: → Teilzeitquote.

Teilzeitarbeit wird häufig noch als Tagesteilzeit gestaltet, obwohl sie als Wochen-, Monats- oder Jahresteilzeit für Betrieb wie Arbeitnehmer in der Regel vorteilhafter ist. Typische Jahresteilzeitarbeit ist die Saisonarbeit, die jedoch zeitlich befristet ist. Teilzeitarbeit ist in der Regel auch die Heimarbeit. Im Unterschied zur Kurzarbeit wird bei Teilzeitbeschäftigten die Arbeitszeit aufgrund freiwilliger Vereinbarung verkürzt. Während das Bruttogehalt entsprechend dem Umfang der Arbeitszeitverkürzung sinkt, vermindert sich das Nettogehalt je nach Einkommenshöhe und Steuergruppe weniger stark.

Auf Teilzeitarbeit werden die für Vollzeitarbeit maßgebenden Vorschriften angewendet. Verschiedene dieser gesetzlichen Bestimmungen gelten nur für bestimmte Betriebsgrößen, wobei Teilzeitkräfte wie Vollzeitkräfte gezählt werden. Mit zunehmender Teilzeitarbeit sind daher beispielsweise die kritischen Schwellen folgender gesetzlicher Regelungen zu beachten: Betriebsverfassungsgesetz, Kündigungsschutzgesetz, Lohnfortzahlungsgesetz, Schwerbehindertengesetz. Ihre Konsequenzen können einer Ausbreitung von Teilzeitarbeit unter Umständen entgegenstehen.

Nach § 2 BeschFG dürfen Teilzeitkräfte gegenüber Vollzeitbeschäftigten nicht ohne sachlichen Grund unterschiedlich behandelt werden. Eine unterschiedliche Behandlung ist beispielsweise bei besonderen Leistungen des Arbeitgebers erlaubt (Vergabe von Werkswohnungen, Zusatzleistungen wegen Krankheit, betriebliche Altersversorgung u. a.), die nur bei einem bestimmten Mindestumfang der Beschäftigung gerechtfertigt sind. Ein sachlicher Grund liegt auch bei Beförderungen oder Versetzungen vor, wenn die Tätigkeiten an einem bestimmten Arbeitsplatz nicht teilbar sind und daher von Teilzeitkräften nicht ausgeführt werden können.

In bezug auf die soziale Sicherung der Teilzeitbeschäftigten sind zu prüfen:

- Gesetzliche Rentenversicherungspflicht und Leistungsansprüche aus der gesetzlichen Rentenversicherung (→ Teilzeitarbeit und Rentenversicherung),
- Krankenversicherungsschutz (→ Teilzeitarbeit und Krankenversicherung),
- soziale Sicherung bei Arbeitslosigkeit (→ Teilzeitarbeit und Arbeitslosenversicherung).

Alle drei Formen sozialer Sicherung sind grundsätzlich davon abhängig, daß eine Beschäftigung gegen Entgelt ausgeübt wird.

Die vergleichsweise geringsten Probleme treten hinsichtlich der Risikovorsorge bei Krankheiten auf, weil für die Sachleistungen das Bedarfsprinzip gilt und nahezu die gesamte Bevölkerung krankenversichert ist. Größere Probleme ergeben sich dagegen in bezug auf die Risikovorsorge im Alter, bei Invalidität und Arbeitslosigkeit.

Formen und Variationsmöglichkeiten der Teilzeitarbeit:
→ Teilzeit à la carte,
→ Teilzeitarbeit von Berufsanfängern,
→ Teilzeitarbeit von Beamten,
→ Job sharing,
→ Hausfrauenschicht.

Lit.: *Fraunhofer-Institut für Arbeitswirtschaft und Organisation* (1985), *Bundesvereinigung der Deutschen Arbeitgeberverbände* (1984), *Löwisch/Schüren* (1984), *Hanel* (1984), *Burian/*

Hegner (1984), *Hof* (1984), *Bihl* (o.J.), *Bundesarbeitgeberverband Chemie e.V.* (1983), *Teriet, Krise* (1981), *Reuter* (1981), *Bundesminister für Arbeit und Sozialordnung* (1978)

Teilzeitarbeit nach der Lehre → Teilzeitarbeit von Berufsanfängern

Teilzeitarbeit und Arbeitslosenversicherung

Der Übergang von einer Vollzeitbeschäftigung zu einer beitragspflichtigen Teilzeitbeschäftigung wirkt sich nicht negativ auf die Erfüllung der Anwartschaftszeit bzw. Vorbeschäftigung oder die Dauer der Leistungsgewährung aus, jedoch auf die Höhe des Arbeitslosengeldes. Ein Anspruch auf Arbeitslosengeld und Arbeitslosenhilfe besteht, wenn vor Beginn der Arbeitslosigkeit ein beitragspflichtiges Beschäftigungsverhältnis bestand. Beiträge zur Arbeitslosenversicherung werden bis zur Beitragsbemessungsgrenze (1986: 5600 DM pro Monat bzw. 67200 DM pro Jahr) erhoben. Beitragsfrei für Arbeitgeber und Arbeitnehmer sind Beschäftigungen mit weniger als zwanzig Wochenstunden (→ Geringfügigkeitsgrenze bei Teilzeitarbeit); für den Arbeitnehmer entfällt damit aber zugleich der Anspruch auf Arbeitslosenversicherung im Falle der Arbeitslosigkeit.

Arbeitslosengeld wird gezahlt, sofern die Anwartschaftszeit erfüllt ist: In den drei Jahren unmittelbar vor der Arbeitslosigkeit muß der Arbeitslose mindestens 360 Tage beitragspflichtig beschäftigt gewesen sein. Zeiten ohne Arbeitsentgelt rechnen nicht zur Anwartschaftszeit, wenn sie vier Wochen überschreiten (→ Blockfreizeit und Arbeitslosenversicherung). Die Höhe des Anspruchs auf Arbeitslosengeld richtet sich nach der Höhe des in den letzten zwanzig Tagen (in Sonderfällen: in den letzten sechzig Tagen) vor der Arbeitslosigkeit erzielten Arbeitsentgelts. Teilzeitarbeit mindert daher die Höhe des Anspruchs auf Arbeitslosengeld entsprechend, wobei das Arbeitslosengeld wegen der Steuerprogression nur unterproportional sinkt. Eine frühere Vollzeitbeschäftigung kommt einem vor seiner Arbeitslosigkeit Teilzeitbeschäftigten also nicht zugute, wenn die Phasen höheren Einkommens nicht in den Bemessungszeitraum fallen.

Arbeitslosengeld wird entsprechend der Dauer des vorangegangenen beitragspflichtigen Beschäftigungsverhältnisses gezahlt, jedoch maximal für ein Jahr. Die Dauer des Anspruchs auf Arbeitslosengeld ist unabhängig davon, ob das vorangegangene Beschäftigungsverhältnis eine Voll- oder Teilzeitbeschäftigung war, sofern es nur überhaupt beitragspflichtig war.

Lit.: *Landenberger* (1984), S. 44ff.

Teilzeitarbeit und Krankenversicherung

Bis zur Beitragsbemessungsgrenze (1986: 4200 DM pro Monat bzw. 50400 DM pro Jahr) sind die Beiträge zur gesetzlichen Krankenversicherung einkommensabhängig.

Folglich reduzieren sich die Beiträge zur Krankenversicherung bei Übergang von der Vollzeitbeschäftigung zur Teilzeitarbeit proportional zum erzielten Einkommen, sofern dies unterhalb der Beitragsbemessungsgrenze liegt.

Arbeitsunterbrechungen ohne Entgeltzahlungen von bis zu drei Wochen berühren das Versicherungsverhältnis nicht (→ Blockfreizeit und Krankenversicherung). Die bei Krankheit gewährten Sachleistungen (Krankenpflege, Arznei, Heilmittel, ärztliche und zahnärztliche Leistungen, Vorsorge, Früherkennung, Rehabilitation) richten sich dagegen nach dem Bedarf des Versicherten (Bedarfs- bzw. Solidarprinzip), sind also unabhängig von der Beitragshöhe. Sachleistungen werden damit Voll- und Teilzeitkräften gleichermaßen unabhängig von der Beitragshöhe in vollem Umfang und in gleicher Dauer gewährt. In bezug auf die Sachleistungen ist der Teilzeitbeschäftigte also gegenüber dem Vollbeschäftigten begünstigt und für die Krankenkasse teurer als eine Vollzeitkraft.

Die Beitragshöhe beeinflußt jedoch die Höhe des Lohnersatzes (insbesondere Kranken- und Mutterschaftsgeld), der innerhalb der Beitragsbemessungsgrenze proportional zum Einkommen sinkt.

Bei geringfügiger oder kurzfristiger Beschäftigung (→ Geringfügigkeitsgrenze bei Teilzeitarbeit) besteht keine Versicherungspflicht in der gesetzlichen Krankenversicherung. Da diese Teilzeitbeschäftigten jedoch in der Regel über die Familienversicherung mitversichert sind, erhalten sie trotzdem Sachleistungen.

Unter bestimmten Umständen erhalten Teilzeitbeschäftigte auch Lohnfortzahlungen im Krankheitsfall.

Der Übergang nicht Erwerbstätiger zur Teilzeitbeschäftigung ist selbst bei unterhalb der Versicherungsgrenze liegender Beschäftigung relativ unproblematisch; problematischer ist dagegen das Nebeneinander von Teilzeitbeschäftigung und Rente.

Lit.: *Landenberger* (1984), S. 26 ff.

Teilzeitarbeit und Rentenformel

Zeitfaktor und Einkommensfaktor bestimmen als Rechnungsfaktoren die Höhe der Rente.

(1) Zeitfaktor
Bei Übergang zur Teilzeitarbeit bleibt der Zeitfaktor (Beitrags-, Ersatz-, Ausfall- und Zurechnungszeiten) unverändert. Ein Jahr versicherungspflichtige Teilzeitarbeit gilt also in bezug auf die Leistungsbemessung ebenso als vollständiges Beitragsjahr wie ein Jahr Vollerwerbstätigkeit (Ausnahme: → Blockfreizeit und Rentenversicherung). Je mehr anrechnungsfähige Beitragsjahre der Versicherte nachweisen kann, um so geringere Rentenminderungen lösen Phasen der Teilzeitbeschäftigung aus.

(2) Einkommensfaktor
Beim Übergang von der Vollzeitbeschäftigung zur Teilzeitarbeit vermindert sich der Einkommensfaktor (persönlicher Vomhundertsatz, der die Position des individuellen

Einkommens im Verhältnis zum durchschnittlichen Einkommen aller Versicherten ergibt).

Lit.: *Landenberger* (1984), S. 7ff.

Teilzeitarbeit und Rentenversicherung

Bis zur Beitragsbemessungsgrenze (1986: 5600 DM pro Monat bzw. 67200 DM p. a.) sind die Beiträge zur Rentenversicherung einkommensabhängig (1986: 19,2% vom Bruttoentgelt, entrichtet je zur Hälfte vom Arbeitgeber und Arbeitnehmer). Es gilt also das Äquivalenzprinzip. Sonderregelungen für Teilzeitarbeit sieht die gesetzliche Rentenversicherung nicht vor. Folglich reduzieren sich ihre Leistungen entsprechend bei vermindertem Einkommen wie kürzeren Beitragszeiten. Um die Rentenwirkung der verschiedenen Formen der Teilzeitarbeit im Alter und bei Invalidität abzuschätzen, sind folgende Sachverhalte zu prüfen:

(1) Unter- oder Überschreiten der Beitragsbemessungsgrenze bei der Teilung von Vollzeitarbeitsplätzen: Wechselt ein Arbeitnehmer mit einem bisherigen Vollzeiteinkommen oberhalb der Beitragsbemessungsgrenze zur Teilzeitbeschäftigung unterhalb der Beitragsbemessungsgrenze, muß er prozentual mehr als die Hälfte seines bisherigen Pflichtbeitrages entrichten. Außerdem sind für den Arbeitgeber zwei Halbtagskräfte, beide mit einem Entgelt unterhalb der Bemessungsgrenze, teurer als eine Vollzeitkraft mit einem Einkommen über der Beitragsbemessungsgrenze. Dadurch wird die Einführung von Teilzeitarbeit bei höheren Einkommensgruppen behindert.

(2) Versicherungspflicht oder Versicherungsfreiheit bei Teilzeitbeschäftigung (→ Geringfügigkeitsgrenze bei Teilzeitarbeit).

(3) Wirkung auf die Rechnungsfaktoren der Rentenformel, mit der die Höhe der Rentenleistungen ermittelt werden (→ Teilzeitarbeit und Rentenformel).

(4) Arbeitsunterbrechungen bei Teilzeitarbeit (→ Blockfreizeit und Rentenversicherung).

(5) → Teilzeitarbeit von Berufsanfängern, bisher nicht Erwerbstätigen, bisher Arbeitslosen; → Teilzeitarbeit von Beamten.

(6) Unterbrechung der Teilzeitbeschäftigung wegen Arbeitslosigkeit, Schwangerschaft, Arbeitsunfähigkeit usw.: Diese Zeiten gelten rentenrechtlich als Ausfallzeiten, deren Anrechnung bei der Leistungsbemessung an bestimmte Voraussetzungen gebunden ist (Halbdeckung).

Teilzeitarbeit kann für viele Beschäftigte durchaus attraktiv sein. Das gilt beispielsweise für alle Arbeitnehmer, die keine Vollzeitarbeit leisten können. Ein weiterer Vorteil liegt darin, daß auch Teilzeitarbeit es ermöglicht, einen Anspruch auf Altersrente zu erwerben und die erforderlichen Wartezeiten zu erfüllen, vor allem die „kurze Wartezeit" beim regulären Altersruhegeld ab 65 Jahren oder bei Berufs- und Erwerbsunfähigkeit.

Lit.: *Landenberger* (1984), *Hegner/Landenberger* (1982), *Friedrichs/Spitznagel* (1981)

Teilzeitarbeit von Beamten

Seit 1984 können in der Bundesrepublik alle Beamten bis 1990 Teilzeitarbeit leisten, sofern sie mindestens die Hälfte ihrer bisherigen Arbeitszeit tätig sind. Die Möglichkeit zur Teilzeitarbeit aus familiären Gründen (Kinder bis zu 18 Jahren, pflegebedürftige Angehörige) besteht fort.

Nach einer Modellstudie des baden-württembergischen Finanzministeriums erhöht sich die jährliche Versorgungslast je teilzeitbeschäftigter Neueinstellung bei entsprechender Beurlaubung von Beamten um 16000 DM. Der Versorgungsabschlag, der bei Teilzeitbeschäftigten und Beurlaubten vorgenommen wird, ist hierbei schon berücksichtigt. Insgesamt entstehen durch die vorübergehende Beurlaubung von Beamten in Verbindung mit einer entsprechenden Ausweitung der Teilzeitbeschäftigung jährliche Mehrbelastungen von einer Milliarde DM. Einer Zunahme der Teilzeitbeschäftigung von Beamten sind damit enge Grenzen gesetzt.

Lit.: o. V. (12. 10. 1985)

Teilzeitarbeit von Berufsanfängern

Das Angebot von Teilzeitarbeit nach abgeschlossener Lehre ist eine von mehreren Betrieben (*Deutsche Bundesbahn*, Stahlunternehmen, *Farbwerke Hoechst, Merck, BASF, Bochumer Stadtverwaltung*, Betten-Fachgeschäft *Gebrüder Barhorn* in Emden) gewählte Lösung, um die Schwierigkeiten der Ausgelernten, eine reguläre Beschäftigung zu finden, zu überbrücken. Dabei werden zum Beispiel vorhandene Ausbildungsplätze auf mehrere Personen aufgeteilt („Ausbildungsplatz-Sharing"). Bei der Deutschen Bundesbahn und einigen Stahlunternehmen wurden diese Versuche mit der Ausbildungsplatzteilung jedoch wegen starker gewerkschaftlicher Einwände inzwischen eingestellt bzw. nicht wiederholt, obwohl sie einen nützlichen Beitrag zur Lösung des Problems der Arbeitslosigkeit nach der Lehre zu leisten vermögen.

Lit.: *Gasey* (1984), *Derschka/Gottschall* (1984), S.23

Teilzeitquote

Anteil der Erwerbstätigkeiten mit → Teilzeitarbeit. Nach Schätzungen der *EG-Kommission* waren 1980 in der Bundesrepublik Deutschland etwa zehn Prozent der Erwerbstätigen Teilzeitkräfte (jede Beschäftigung unterhalb der üblichen Regelarbeitszeit), während nach einer Umfrage des *EMNID-Instituts* 1980/81 fünfzehn Prozent der Erwerbstätigen zwischen drei und fünfunddreißig Stunden arbeiteten; nach der Beschäftigtenstatistik der Bundesanstalt für Arbeit lag 1983 die Teilzeitquote der Sozialversicherungspflichtigen (→ Geringfügigkeitsgrenze bei Teilzeitarbeit), also der nicht weniger als fünfzehn Stunden Arbeitenden bei 8,8 Prozent (ohne Beamte). 1984 dürften insgesamt etwa zehn Prozent aller Erwerbstätigen (ca. 2,7 Mio Arbeitnehmer) sozialversicherungspflichtige oder beamtete Teilzeitkräfte mit einer Arbeitszeit zwischen fünfzehn und fünfunddreißig Stunden sein. Noch nicht erfaßt sind dabei die mithelfenden Familienangehörigen, die Selbständigen und die Teilzeitarbeiter mit weniger als fünfzehn Wochenstunden.

In Deutschland wie in der gesamten Europäischen Gemeinschaft liegt der Schwerpunkt der Teilzeitarbeit im Dienstleistungsbereich, während in der Industrie in Deutschland nur ca. sechs Prozent, im öffentlichen Dienst etwa sechzehn Prozent aller Beschäftigten Teilzeitkräfte sind. Über neunzig Prozent dieser Teilzeitkräfte sind Frauen, die vor allem Kontroll- und Aufsichtsfunktionen sowie Arbeiten ohne längere Vorbereitungszeit und ohne hohe Qualifikationsanforderungen wahrnehmen. An Teilzeitarbeit sind also fast ausschließlich Frauen interessiert.

Lit.: *iwd* (1984), 28, S. 5, *iwd* (1984), 42, S. 1, *Burian/Hegner* (1984), S. 8ff., o. V. (6. 11. 1984), S. 14, *Hof/Vajna* (1983)

Teilzeitschicht

Aufteilung der Betriebszeit in mehrere Zeitabschnitte mit gegenüber der üblichen Tagesarbeitszeit verkürzter Dauer; vor allem eingesetzt, wenn die Betriebszeit nicht gleich um eine volle zweite Schicht erweitert werden soll. Der Ausdruck bezieht sich meist auf die Tagesteilzeitarbeit sowie → Hausfrauenschichten, nicht die ebenfalls mögliche Wochen-, Monats- oder Jahresteilzeitarbeit.

Lit.: *Haller* (1981)

Telearbeit

Neue Informations- und Kommunikationstechniken ermöglichen es, Bürotätigkeiten aus dem Betrieb auszulagern (zeitliche und räumliche Entkoppelung): Die informationstechnischen Arbeitsprozesse werden dann von Sachbearbeitern, Schreibkräften, Programmierern, Redakteuren u. a. dezentral als Telearbeit (Heimarbeit) erledigt, wobei zwischen Heimarbeitsplätzen, Nachbarschaftsbüros, Regional- bzw. Satellitenbüros und mobilen Arbeitsplätzen zu unterscheiden ist.

In den Vereinigten Staaten gibt es derzeit etwa 100000, in Frankreich etwa 40000 Telearbeitsplätze. In der Bundesrepublik Deutschland und in Japan ist die Telearbeit noch bedeutungslos. Bisher vorliegende Erfahrungen lassen trotz generell höherer Arbeitsproduktivität und besserer Arbeitsqualität keine eindeutige wirtschaftliche Überlegenheit der Telearbeit erkennen, was unter anderem in den hohen Kosten elektronischer Heimarbeitsplätze (etwa 20000 DM) begründet ist.

Wissenschaftler, Publizisten und Betriebsräte stehen der Telearbeit eher ablehnend gegenüber, Gewerkschaften fordern gar, sie ganz zu verbieten. Als problematisch gelten die bei Telearbeit erleichterte Leistungskontrolle, die erschwerte Einhaltung von Arbeitnehmerschutzrechten, die Individualisierung der Arbeitsbedingungen, die soziale Sicherung bei → Teilzeitarbeit, Monotonieprobleme u. a. Die Humanisierungsmöglichkeiten durch Telearbeit (Arbeitsplätze für Behinderte, Strafgefangene, junge Mütter und für Personen, die nicht regelmäßig zu vorgegebenen Bürostunden tätig sein können; Arbeitsplätze an benachteiligten Standorten; Arbeitszeitflexibilisierung; keine Anfahrtswege und -zeiten) werden dabei meistens übersehen. Modellversuche lassen bisher keinen negativen Einfluß auf die soziale Situation der Arbeitnehmer erkennen: Eingeschränkte Kontakte am Arbeitsplatz wurden durch häufigere Besuche in der Nachbarschaft kompensiert, so daß sich die Integration im Wohnquartier verstärkte. Auch nutzen nahezu alle Telearbeiter die Möglichkeiten der → Arbeitszeitflexibilisierung.

Die Telearbeit wird sich zukünftig, zumindest sofern sie auf die Textverarbeitung beschränkt bleibt, wegen der insgesamt begrenzten Vorteile kaum ausbreiten.

Lit.: *iwd* (1985), 11, S. 4f., *Lohmar* (1985), *Krüger* (1985), *iwd* (1984), 51/52, S. 3, *Tippmann* (1984), *Rudolph* (18. 2. 1984), *Strunz* (1984)

Unterbrechungsjahr → Langzeiturlaub

variable Arbeitszeit

Bezeichnung für die frei wählbare Dauer und/oder Lage der Tages-, Wochen-, Monats- oder Jahresarbeitszeit (→ Arbeitszeitflexibilisierung) sowie Mehr- und Kurzarbeit. Gleitzeit ohne Kernzeit wird ebenfalls als variable Arbeitszeit bezeichnet. Vgl. auch → ,,variable Jahresarbeitszeit", → kapazitätsorientierte variable Arbeitszeit (KAPOVAZ) und → Abrufverträge. Als ,,Variierung" werden die im Zweimonatszeitraum möglichen täglichen, wöchentlichen oder monatlichen Schwankungen in der Metallindustrie um die individuelle vertragliche Wochenarbeitszeit bezeichnet.

variable Jahresarbeitszeit

Mißverständliche Bezeichnung für → Jahresarbeitszeitverträge mit flexibler Dauer und/oder Lage. So enthält der Haustarifvertrag des *Volkswagenwerks* (1984) eine Öffnungsklausel, nach der in einer Betriebsvereinbarung festgelegt werden kann, daß auch sonnabends bis zu acht Stunden gearbeitet wird. Verlängert sich hierdurch die betriebliche Jahresarbeitszeit (flexible Lage und Dauer), wird die Sonnabendschicht bezahlt, andernfalls (flexible Lage) durch Freischichten abgegolten. Die Zuschläge werden jedoch stets in Geld vergütet.

Lit.: *Kugland* (1984)

vereinbarte Jahresarbeitszeit → Jahresarbeitszeitverträge

Verfügungszeit

Gelegentlich verwendeter Ausdruck für Gleitzeitguthaben oder für Zeitguthaben, wie sie sich aus der Differenz zwischen → tariflicher Wochenarbeitszeit und → individueller vertraglicher Wochenarbeitszeit ergeben.

versetzte Arbeitszeit → gestaffelte Arbeitszeit

Versicherungspflichtgrenze bei Teilzeitarbeit → Geringfügigkeitsgrenze bei Teilzeitarbeit

Vertragsarbeitszeit → individuelle vertragliche Wochenarbeitszeit

Vorruhestand

Vorzeitiges Ausscheiden der Mitarbeiter aus dem Erwerbsleben (→ Lebensarbeitszeitverkürzung). Diese Möglichkeit wurde 1984 in Tarifverträgen für in der Regel 58jährige und Ältere mit einer Mindestdauer der Betriebszugehörigkeit (Ausnahme: Miederindustrie) vereinbart.

Vorwärtswechsel

→ Schichtfolge, bei der auf die Frühschicht stets eine Spät- und dann eine Nachtschicht folgt (Vorwärtsrotation): FSN.

Wochenarbeitszeit

Unter Wochenarbeitszeit werden die betriebsdurchschnittliche und die individuelle wöchentliche Arbeitszeit verstanden:

Wochenarbeitszeit		
betriebsdurchschnittliche (→ tarifliche Wochenarbeitszeit), z.B. 38,5 Stunden in der Metallindustrie (Monatsdurchschnitt)	individuelle	
	vertragliche (→ individuelle vertragliche Wochenarbeitszeit), z.B. zwischen 37 und 40 Stunden in der Metallindustrie (Zweimonatsdurchschnitt)	tatsächliche (→ individuelle tatsächliche Wochenarbeitszeit), z.B. bei einer individuellen vertraglichen Wochenarbeitszeit von 37 Stunden zwischen 26 und 48 Wochenstunden

Wochenendarbeit

Als Wochenendarbeit wird die vor allem auf den Sonnabend und Sonntag konzentrierte Blockteilzeitarbeit (Wochenteilzeitarbeit) mit üblicher oder verlängerter Tagesarbeitszeit bezeichnet.

Beispiele:

- Vierundzwanzigstundenwoche mit verlängerten Wochenendschichten und zusätzlich einigen Stunden während der Woche (befristete Arbeitsverträge bei der *Polygram Record Service GmbH*),

- Achtundzwanzigstundenwoche mit je zwölf Arbeitsstunden am Sonnabend und Sonntag und jeweils vierzehntägig vier weiteren Stunden während der Woche bei einer Vergütung, die wegen der Nacht- und Sonntagszuschläge fast der von vierzig Wochenstunden entspricht (bis Ende 1986 befristeter Modellversuch der *Beiersdorf AG*).

Lit.: *Mahler* (1985), o.V. (15. 10. 1985)

Wochengleitzeit

Innerhalb vorgegebener Bandbreiten (Zeitrahmen) können Dauer und Lage der Arbeitszeit während der Woche vom Arbeitnehmer frei gewählt werden. In der übrigen Zeit (Kernzeit) besteht dagegen Anwesenheitspflicht.

Beispiel:

Zeitausgleich

(1) Der Ausdruck „Zeitausgleich" wird im Rahmen der → Gleitzeit zur Regelung der Zeitguthaben und Zeitschulden verwendet. Dabei geht es um die Frage, innerhalb welchen Zeitraums und unter welchen Bedingungen Gleitzeitguthaben und -schulden auszugleichen sind. Nach Absprache mit dem Vorgesetzten können Zeitguthaben auch durch freie Tage abgegolten werden. Der Zeitausgleich hat in der Regel innerhalb von zwei Monaten zu erfolgen. Erstrebenswert ist jedoch ein Jahresausgleich. Der Zeitausgleich kann individuell oder kollektiv geregelt werden. Der individuelle Zeitausgleich während der Woche wird als Swingtime bezeichnet.

(2) Ein Zeitausgleich ist generell auch immer dann nötig, wenn ein Arbeitszeitvorschuß gewährt wird: Mitarbeiter „borgen" sich vom Betrieb Arbeitszeit für private Erledigungen. Bei Firma *Hengstler* hat der Zeitausgleich hierfür beispielsweise innerhalb von zwei Jahren zu erfolgen.

(3) Ein Zeitausgleich wird in vielen zur Zeit gültigen Tarifverträgen für → Mehrarbeit, häufig auch für die Mehrarbeitszuschläge vereinbart. Teilweise ist er zwingend vorgeschrieben, so beispielsweise, wenn die im Tarifvertrag vereinbarte Zahl an Mehrarbeitsstunden überschritten wird. Im öffentlichen Dienst ist Mehrarbeit generell durch Freizeit auszugleichen. Die Ausgleichszeiträume, innerhalb derer nach Beendigung der Mehrarbeit die Freizeit zu gewähren ist, schwanken zwischen vierzehn Tagen und drei Monaten.

Beispiel Arbeitszeitregelung in der Metallindustrie: Nach der neuen Arbeitszeitregelung ist zwischen einem befristeten Zeitausgleich (Mehrarbeit, individuelle vertragliche Wochenarbeitszeit) und einem unbefristeten Zeitausgleich (für Anlagennutzung) zu unterscheiden:

(a) Befristeter Zeitausgleich
- Die → individuelle vertragliche Wochenarbeitszeit nach der Tarifvereinbarung der Metallindustrie muß bei ungleichmäßiger Verteilung innerhalb von zwei Monaten eingehalten werden. Für diesen Zeitausgleich gilt also der Zweimonatszeitraum.
- Für die ersten sechzehn Mehrarbeitsstunden kann der Arbeitgeber einen Freizeitausgleich mit dem Arbeitnehmer vereinbaren, ist hierzu jedoch nicht verpflichtet. Die Zustimmung des Betriebsrats ist hierfür nicht erforderlich. Ab der 17. Mehrarbeitsstunde kann der Arbeitnehmer den Freizeitausgleich verlangen, sofern dringende betriebliche Bedürfnisse dem nicht entgegenstehen. Dieser Freizeitausgleich ist in den folgenden drei Monaten vorzunehmen. Die Mehrarbeitszuschläge sind grundsätzlich in Geld zu vergüten. Anspruch auf Freizeitausgleich besteht hier nicht.

(b) Unbefristeter Zeitausgleich
Als Zeitausgleich werden nach der neuen Arbeitszeitregelung der Metallindustrie auch die freien Tage bezeichnet, die zu gewähren sind für die Differenz zwischen notwendiger täglicher und wöchentlicher Betriebszeit und (kürzerer) individueller vertraglicher Wochenarbeitszeit. Die Arbeitszeitverkürzung wird also hier durch freie Tage (Freischichten) verwirklicht. Dieser Zeitausgleich für Anlagennutzung ist zeitlich unbegrenzt. Der Tarifvertrag enthält keine Angaben, innerhalb welcher Zeitspanne die freien Tage liegen sollen. Die für die individuelle vertragliche Wochenarbeitszeit maßgebende Zweimonatsfrist gilt hier also nicht. Aus praktischen Erwägungen ist jedoch wie beim Urlaub ein Zeitausgleich innerhalb eines Kalenderjahres empfehlenswert. Damit ist es auch möglich, die freien Tage zu bündeln, also langfristig zu sammeln, um den Betrieb beispielsweise an Brückentagen (Wochentage zwischen Wochenenden und Feiertagen) bzw. zwischen Weihnachten und Neujahr ganz ruhen zu lassen oder die Arbeitszeit bei Auftragsschwankungen entsprechend zu reduzieren. Da dies stets einen Kapazitätsverlust bedeutet, ist bei voller Auslastung und fehlenden Auftragsschwankungen eher zu empfehlen, die Freischichten regelmäßig zu gewähren. Damit läßt sich auch vermeiden, daß sich die Freischichten der Belegschaft zu sehr kumulieren.

Der hierfür gewählte Ausgleichszeitraum ist individuell zwischen Arbeitgeber und Arbeitnehmer zu regeln (Einzelabsprache). Sofern die freien Tage einheitlich bzw. kollektiv im ganzen Betrieb genommen werden, ist eine Vereinbarung mit dem Betriebsrat erforderlich. In beiden Fällen kann der Zeitausgleich ähnlich wie die Festlegung des Urlaubs vorgenommen werden. Beispiel einer in einem Emallierwerk vereinbarten kollektiven Regelung: Die Verfügungstage als Ausgleich zur tariflichen Regelarbeitszeit von 38,5 Wochenstunden bei einer individuellen regelmäßigen Wochenarbeitszeit von vierzig Stunden sind von allen Mitarbeitern an einem Tag (wahlweise freitags oder montags) zu nehmen, weil mit der Stammannschaft gefahren werden muß.

Berechnungsbeispiel (1986, vgl. auch → Freizeitanspruch):

Individuelle vertragliche Wochenarbeitszeit 38 Stunden, tatsächliche Arbeitszeit 40 Stunden.

=365 Kalendertage
./. =104 Samstage und Sonntage
./. = 11 Wochenfeiertage
./. = 30 Urlaubstage

220 Arbeitstage
220 X 24 Minuten = wöchentlich 2 Stunden
= 11 freie Tage (à 8 Stunden) pro Jahr

Lit.: *Ziepke* (1985), *Tippmann* (1985), *Kugland* (1984), *Siebel* (1984), *Hof* (1984), *Gesamtmetall* (1984)

Zeitautonome Arbeitsgruppen

Betriebs- und Gleitzeit sowie Mindestbesetzungen werden nicht für einzelne Mitarbeiter, sondern für Gruppen geregelt, die an diesen Lösungsvorschlägen unter Umständen selbst aktiv mitwirken. Die Gruppe entscheidet dann autonom, welche Mitglieder wann anwesend sind, wobei die gesamte Betriebszeit zur Gleitzeit wird. Es gibt also keine als Sperrzeiten zu interpretierende Kernzeit für einzelne Arbeitnehmer, sondern nur für funktionsfähige Gruppen (*Cannstatter Volksbank*). Die über die individuelle vertragliche Wochenarbeitszeit hinaus geleistete Arbeitszeit kann in Form ganzer Tage ausgeglichen werden (Zeitausgleich). Jede der aus drei bis fünfzehn Mitarbeitern bestehenden Basisgruppen – in der *Cannstatter Volksbank* beispielsweise für Kundenberater, Kontoführer, Anlageberater – regelt die Anwesenheitszeit autonom. Damit gewinnt die Kommunikation unter den Mitarbeitern besondere Bedeutung. Zudem muß jedes Gruppenmitglied fähig sein, alle in seinem Bereich auftretenden Tätigkeiten zu erledigen.

Das gleiche System kann auf Teilzeitbeschäftigte angewendet werden *(Rafi GmbH & Co)*.

Lit.: *Derschka/Gottschall* (1984)

Zeitbank → Ansparverfahren

Zeiterfassung

Die Anwesenheitszeiten der Belegschaft zu erfassen, ist bei flexibler Arbeitszeit wichtiger als bei fester Arbeitszeit. Bei maschineller Zeiterfassung erübrigen sich persönliche Kontrollen der flexiblen Arbeitszeit, die der Mitarbeiter wenig schätzt. Die maschinelle Zeiterfassung ist kostengünstig und hat häufig zugleich einen weiteren statistischen Nutzen für die Personalabteilung. Der Mitarbeiter kann jederzeit seinen Zeitsaldo erfahren. In gefährdeten Arbeitsbereichen (Kernkraftwerke, chemische Industrie, Chefetagen usw.) kann die Zeitmessung mit einer Zugangskontrolle kombiniert werden. Elektronische Geräte zur Zeiterfassung und Zugangskontrolle arbeiten autonom als spezialisierte Computer mit einer weitentwickelten Software (standardisiert oder maßgeschneidert) oder werden online an Großrechner oder Minicomputer angeschlossen. Bekannteste Geräte zur Zeiterfassung und Zugangskontrolle (Marktüberblick nach *Loewenheim*):

Hersteller	Produktname	Kennzeichen
Benzing	Bedaprint	elektronische Zeiterfassung mit Urbeleg-Druck für Festzeit, Gleitzeit, Überstunden und Auftragszeiten, bis zu 100 Mitarbeiter
Benzing	Bedacomp 78/79/80	Mikroprozessorsteuerung, breite Terminalpalette, für alle Zeitdaten sowie Zugangskontrolle, Kantine, Parken, Tanken usw. Standalone-System mit Diskettenspeicherung. EDV-Anschluß möglich, bis maximal 2700 Mitarbeiter
Cronos	ZE 2000	Standalone-Gerät für Zeiterfassung und Zugangskontrolle in Klein-/Mittelbetrieben (bis 400 Mitarbeiter), Peripherie: vier Terminals, ein Drucker
Cronos	ZE 4000	Multifunktionsgerät für Zeiterfassung, Zugangskontrolle, bis 64 Buchungs-Terminals, Drucker für Protokollierung der Buchungen, Bildschirm für Programmierung und Systembedienung, Disketten- und Plattenspeicher, Datenübertragungs-Anschluß für EDV (Weiterverarbeitung der erfaßten Daten)
Eldicon	BDE 8082	Betriebsdatenerfassung mit Schwerpunkt Fertigung, lokales Netz mit bis zu 64 Terminals, breite Palette von Ausweislesern, leistungsfähiges Minicomputersystem oder Personal Computer mit MS-DOS-Betriebssystem als Zentrale mit Backup-Eigenschaften für Groß-EDV
Ericsson	Mini-Ellipse	Zeit- und Betriebsdaten-Erfassung, Magnetkarten oder Barcodeleser bzw. Liftstift, Großcomputeranschluß
Hengstler	Datamod 8010	vollautomatisches Standalone-Mikroprozessorsystem für mittlere Unternehmen bis 300 Mitarbeiter, nur Zeiterfassung, Diskettenspeicherung
Hengstler	Datamod 8020	wie D 8010, aber für größere Unternehmen, außerdem Zugangskontrolle
Hengstler	Datamod 9010	Erfassungsterminal und Transaktionsprozessor zum Anschluß an IBM PC
Inso	C.I.P.	leistungsfähige Microcomputer-Lösung für Personal- und Betriebsdaten sowie Zugangskontrolle, bis 5000 Mitarbeiter, breite Terminalpalette
Interflex	Interflex 2213	reines Zeiterfassungssystem, Diskettenaufzeichnung, Standalone-Betrieb oder Großrechneranschluß

Lit.: *Loewenheim* (1984)

Zeitguthaben → Zeitkredit

Zeitkredit

Das Ansparen von Zeitguthaben im Rahmen der Arbeitszeitflexibilisierung führt dazu, daß der Betrieb einen zinslosen, revolvierenden Zeit- und Finanzkredit vom Arbeitnehmer erhält, da dieser in der Ansparphase über das vereinbarte Entgelt hinaus im Betrieb tätig ist. Daraus ergibt sich ein positiver Einfluß auf das finanzielle Gleichgewicht des Betriebes. Zeitschulden haben die gegenläufige Wirkung.

Lit.: *Michalsen* (1985), S. 36f.

zeitliche Flexibilisierung → Arbeitszeitflexibilisierung

Zeitreserve → Jahresarbeitszeitverträge

Zeitschulden → Zeitkredit

Zeitsouveränität

Der Arbeitnehmer hat „Zeitsouveränität" *(Teriet)*, wenn er Dauer und Lage seiner Arbeitszeit nach seinen individuellen Bedürfnissen regeln kann. Dieses Konzept ist in der Praxis natürlich nur realisierbar, wenn der Arbeitnehmer tatsächlich nach Zeitsouveränität strebt, aus einem vielfältigen Angebot an Arbeitszeitmodellen wählen kann (→ Arbeitszeitflexibilisierung) und dabei auch → betriebliche Bedürfnisse berücksichtigt werden.

Lit.: *Teriet*, Zeitsouveränität (1983)

Zugangskontrolle → Zeiterfassung

Zusatzurlaub → Langzeiturlaub

Stichwortverzeichnis

Abendschicht 3, 43, 77
Abrufverträge 7, 13, 27f., 37, 50, 65, 80, 82
Absprache-Gleitzeit 7, 9, 37, 41, 65f., 94
AGFA-GEVAERT AG 2, 16, 37f., 77
Albert 38f.
Altersfreizeit 3f., 6, 8, 30f., 38, 42, 75, 84
Altersteilzeitarbeit 3f., 8, 30f., 38, 42, 75
Anfahrtswege 42f., 104f.
Ankündigungsfrist 37f., 65
Anlagenwartung 3
Anrechnung von Arbeitszeitverkürzungen 13, 56
Anreize 18f., 22, 37ff., 91
Ansparverfahren 2, 66
Ansprechzeit 8, 66
Anwesenheitspflicht 38
Ärzte 41
Arbeit auf Abruf 3, 5, 7, 27f., 56, 82
Arbeitgeber 12, 57
Arbeitnehmerinteressen 6f., 11f., 22, 32, 34, 44, 48ff., 57, 67, 69, 79
Arbeitnehmersolidarität 32f.
Arbeitnehmervertreter 12ff., 19, 33ff., 44ff., 51f., 56f.
arbeitsanfallorientierte Teilzeitarbeit 3, 5, 7, 27f., 56, 82
Arbeitsbereitschaft 17, 22, 30, 76
Arbeitsdisposition 22, 28ff., 95
Arbeitsgericht Nürnberg 13, 33
Arbeitshumanisierung 1, 6ff., 9f., 21f., 32, 35f., 56f.
Arbeitsintensivierung 26f., 56
Arbeitslose 20, 31, 43, 55, 68, 84, 102f.
Arbeitslosenversicherung 21, 24, 32, 45, 53ff., 74
Arbeitsmarkt 20, 42
Arbeitsmarktrestriktionen 42f.
Arbeitsmedizin 1, 6f., 27, 29f., 35, 67, 75
Arbeitsplatzgarantie 37ff., 80, 83
Arbeitsplatzsicherheit 46, 49f.
Arbeitsplatzteilung 3, 5f., 8f., 17f., 27, 31, 37f., 40ff., 50ff., 81f.
Arbeitsproduktivität 15f., 26, 32, 51
Arbeitsverdichtung 26f., 56
Arbeitsverhalten 21f., 39, 76
Arbeitszeit 66
Arbeitszeit à la carte 3, 98
Arbeitszeit nach Abruf 3, 5, 7, 27f., 56, 82

Arbeitszeitbandbreite 8, 68
Arbeitszeitbedürfnisse 6ff., 9, 12, 16, 24, 26, 32, 34f., 48ff., 57
Arbeitszeitdifferenzierung 12, 14, 72
Arbeitszeiterfassung 109f.
Arbeitszeitflexibilisierung 2ff., 67, 73, 75
Arbeitszeitordnung 46, 66, 76, 83, 90, 92
Arbeitszeitpolitik 32f., 34f., 57, 68
Arbeitszeitverlängerung 2f., 43, 47, 49
Arbeitszeitvorschuß 68
Arbeitszufriedenheit 10, 17f., 20ff., 23, 49, 67
Ausbildung 20f.
Ausbildungsplatz-Sharing 3, 5f., 20, 31f., 103
Ausbildungsplatzteilung 3, 5f., 20, 31f., 103
Ausfallprinzip 68
Ausgleichszeitraum 3f., 8, 47, 76, 107ff.
Aushilfsstellen 3f.
Automobilindustrie 3

Bandbreite 6, 8, 68, 98
Bandbreitenmodell 3, 6, 8, 68, 98
Banken 17f., 23
BASF AG 6, 8, 20, 32, 38, 103
Baukastensystem 8
Bayer AG 6, 84
Beamte 6, 21, 54, 76, 103
Beck-Feldmeier KG 8f., 37f., 41, 81, 98
Bedürfnisse 6ff., 12, 16, 24, 26, 32, 34f., 48ff., 57
Beförderungsgarantie 37ff.
Beiersdorf AG 5, 107
Behindertenstrategien 50ff.
Beitragsbemessungsgrenze 100, 102
Belegschaftsinteressen 6f., 11ff., 22, 32, 34, 44, 48ff., 57, 67, 69, 79
Belgien 46f., 67
Belohnung 18f., 22, 37ff.
Benzing 110
Bereitschaftsdienst 44
Bertelsmann AG 6, 38f.
Beschäftigungsförderungsgesetz 40, 52, 65, 81f., 85, 98f.
Beschäftigungswirkungen 20, 32, 55, 57
betriebliche Bedürfnisse 11, 17, 69, 79, 89, 108, 111
betriebliche Restriktionen 40ff.

betriebliche Wochenarbeitszeit 2ff., 96f.
betriebsdurchschnittliche tarifliche Wochenarbeitszeit 2ff., 96f.
Betriebsklima 16, 37f., 49f.
Betriebsnutzungszeit 4, 16, 46, 69
Betriebsobmann 45
Betriebsrat 12ff., 19, 33ff., 44ff., 51f., 56f., 79, 108
Betriebsvereinbarung 12ff., 34, 97, 105
Betriebsverfassungsgesetz 12, 19, 44f., 51, 56f.
Betriebszeit 4, 16, 46, 69, 86
Bildungswesen 20f.
Bildungszuschuß 37f.
Biorhythmus 22, 28ff.
Blockfreizeit 3ff., 20, 46, 53f., 57, 70
Blockfreizeit und Arbeitslosenversicherung 46, 70
Blockfreizeit und Krankenversicherung 46, 71
Blockfreizeit und Rentenversicherung 71
Blockteilzeitarbeit 3ff., 8, 30, 41, 43, 46, 71
Bochumer Stadtverwaltung 103
Bogner 12, 28, 80
Bosch 79
Brauereien 6
Brückentage 71
Bundesarbeitsgericht 82
Bundesvereinigung der deutschen Arbeitgeberverbände 43

Cafeteria-System 3, 8, 72
Cannstatter Volksbank 8f., 31, 67, 98, 109
Chemische Industrie 4f., 23, 37, 42, 65f., 82, 87, 91
Ciba-Geigy 6, 81, 84
Co Op AG 32
Cronos 110

Dänemark 47, 67
Daimler Benz AG 4
Datenverarbeitung 5
Dauernachtschicht 8
DDR 33
Demag Mannesmann Kunststofftechnik 13f., 33
Deutsche BP 4
Deutsche Bundesbahn 103
DGB 31
Dienstleistungssektor 5, 16, 41, 48f., 53, 82, 104
differenzierte Arbeitszeiten 12, 14, 72
Differenzierung 12, 14, 72
diskontinuierliche Schichtarbeit 72, 93f.
Dispositionsspielraum 3, 6f., 8f., 16f., 21f., 67, 87, 111

Doppelverdiener 22, 24f., 42, 52
Dreimonatsausgleich 11, 107f.
Dreitagewoche 3, 8
Dreiviertelmonatsarbeit 3f.
Druckindustrie 11f., 34, 56, 80, 96f.
durchschnittliche Wochenarbeitszeit 72

Effectiveness 17f.
EG-Kommission 103
Einführungsstrategie 36
Einigungsstelle 12, 44
Einkommensfaktor 101f.
Einzelhandel 5, 48f., 53, 90, 97
Eldicon 110
Elektrizitätswerke 17f., 23
elektronische Heimarbeit 72
EMNID-Institut 103
Entkoppelung 16, 72f., 104
Entscheidungsspielraum 3, 6f., 8f., 16f., 21f., 67, 87, 111
Ericsson 110
Erfolgsbeteiligung 37f.
erfolgswirtschaftliches betriebliches Gleichgewicht 15, 19, 35

Faisst 43
Farbwerke Hoechst 6, 20, 103
Fehlzeiten 16ff.
Feuerwehr 5
Filderklinik 38
finanzieller Ausgleich 3, 37ff.
Fixzeit 7ff., 38, 82f.
Flexibilitätsgrad 3, 6f., 67
Flexibilitätsmerkmale 3, 6f., 9f., 17, 67
flexible Altersgrenze 3f., 6, 32, 42, 84f., 106
flexible Arbeitszeiten 2ff., 67, 73
flexible Arbeitszeitverlängerung 2f.
flexibler Jahresarbeitszeitvertrag 2f., 12, 27, 47, 79f.
flexibler Ruhestand 3f., 8, 30f., 38, 42, 75
flexible Schichtarbeit 3, 8f., 57, 73
flexible Teilzeitarbeit 3ff., 9, 43
flexible Vollzeitarbeit 2f., 43
Fluktuation 26
Forschungsstelle für Empirische Sozialökonomik 15, 40
Frankreich 47, 67, 75, 104
freie Tage 3f., 8, 47, 73f.
freiwilliges Unterbrechungsjahr 2f., 6, 30, 49, 83f.
Freizeitanspruch 73f.
Freizeitausgleich 3f., 8, 47, 107ff.
Freizeitblock 3ff., 20, 46, 53f., 57, 70
Freizeitkonto 38
Freizeitmodell von Nixdorf 38, 88

Stichwortverzeichnis

Freizeitnutzen 26 ff.
Freizeitvorschuß 8, 38

Gambro-Dialysatoren KG 5, 8, 38
Ganzzahligkeitsargument 40 ff.
Gastgewerbe 27, 98
Gaswerke 17 f., 23
Gebrüder Barhorn 103
Gehaltsfortzahlung 37 ff.
Geka-brush GmbH 49
General Tire & Rubber Comp. 5
geringfügige Beschäftigung 13, 74
Geringfügigkeitsgrenze bei Teilzeitarbeit 13, 74
Gesamtmetall 12
Gesellschaft 19 f.
Gesetz über Betriebsärzte, Sicherheitsingenieure und andere Fachkräfte für Arbeitssicherheit 19, 43
gestaffelte Arbeitszeit 9 f., 75
Gewerbeordnung 46
Gewerkschaft 11 ff., 26, 31 ff., 34, 44 ff., 51, 53, 56 f., 68, 84, 103
Gewerkschaft Erziehung und Wissenschaft 20
Gewerkschaft Holz 80
gleitende Arbeitszeit 7 ff., 16, 19, 37 f., 41, 48 ff., 57, 75 ff.
gleitende Pensionierung 3 f., 8, 30 f., 38, 42, 75
gleitender Ruhestand 3 f., 8, 30 f., 38, 42, 75
Gleitzeit 7 ff., 16, 19, 37 f., 41, 48 ff., 57, 66 f., 75 ff., 109
Gleitzeitguthaben 38
Gleitzeitquote 48, 76
Gleitzeitsaldo 8, 77
Gleitzeitschichtmodell 2, 77
Gleitzeitspanne 38, 77, 109
Großbritannien 28, 67, 75
Gruppenkonflikte 31

Halbmonatsarbeit 3 ff.
Halbtagsstellen 3 f.
Handwerk 11, 56, 97
Hausfrauenschicht 3, 43, 77
Heimarbeit 28, 43, 104 f.
Hengstler 43, 107, 110
Heraeus GmbH 8, 42
humane Effizienz 1, 6 ff., 9 f., 21 f., 32, 35 f., 56 f., 104 f.

IBM 8
IG Chemie 32
IG Metall 3, 13, 44, 80
Individualisierung der Arbeit 77
individuelle Flexibilisierung 12, 14, 72
individuelle regelmäßige Arbeitszeit 14

individuelle tatsächliche Arbeitszeit 11, 78
individuell vereinbarte Wochenarbeitszeit 11 f., 78 f.
individuell vertragliche Wochenarbeitszeit 11 f., 78 f.
Infrastruktur 42 f.
innovative Arbeitszeitflexibilisierung 3, 6 ff., 57 f., 67, 81
Inso 110
Institut der deutschen Wirtschaft 26
Institut für Arbeitsmarkt- und Berufsforschung 40 f.
Institut für Gesundheits- und Sozialforschung (IGES) 16
Interessenabwägung 7, 36
Interflex Datensysteme GmbH 8, 38, 41, 48, 66, 81, 110
IRWAZ 11 f., 78 f.

Jahresarbeitszeitverkürzung 6
Jahresarbeitszeitverlängerung 3
Jahresarbeitszeitvertrag 2 ff., 12, 27, 47, 79 f.
Jahresgleitzeit 80 f.
Jahresteilzeitarbeit 3 ff., 30, 41, 43, 90
Japan 29, 47, 104
Job pairing 3, 31, 42, 81
Job sharing 5 f., 8 f., 27, 37 f., 41, 50 f., 81
Job sharing pool 5, 81
Job splitting 3, 5, 82
Jugendarbeitslosigkeit 20, 31
Jugendarbeitsschutz 92

Kapazitätsauslastung 15 f., 46, 77
kapazitätsorientierte variable Arbeitszeit (KAPOVAZ) 3, 5, 7, 27 f., 56, 65, 82
KAPOVAZ 3, 5, 7, 27 f., 56, 82
kapitalintensive Arbeitsplätze 13, 16, 87 f., 90
Karriere 26
Kernarbeitszeit 7 ff., 38, 82 f.
Kernzeit 7 ff., 38, 82 f.
Kernzeitgleiten 10, 96
Klöckner-Humboldt-Deutz AG 6, 84
Klöckner-Moeller 38, 48, 81
Kokosai Taito Taxi 29
kollektive Arbeitszeitverkürzung 11 ff., 21, 27, 34 f., 56, 68, 95 f.
Kommunikationszeit 7 ff., 38, 82 ff.
Kompensationsleistung 7
Kompensationsstrategien 12 ff.
Kompetenzausweitung 33, 51 f., 56
Komplettbesetzungszeit 7 ff., 38, 82 f., 86
Konservenfabrik 1
kontinuierliche Entgeltzahlung 46, 54, 80
kontinuierliche Schichtarbeit 83
konventionelle Teilzeitarbeit 4
Kooperation 17, 36

Koordination 7, 36 ff.
Koordinationsaufwand 15, 17
Kosten 13, 15 ff., 18 ff., 33, 103
Krankenstand 16, 26
Krankenversicherung 18, 21, 24, 45, 53 ff., 74
Kreditinstitute 17 f., 23
Kritische Schwellen 43 ff.
Kündigungsschutz 43, 45, 52, 54, 82
Kunststoffspritzerei 1, 9, 41
Kurzarbeit 16
Kurzpausen 66, 83

Ladenschlußzeit 44
Lagerhaltung 16
Landert Motoren AG 4, 8 f., 22, 38, 41, 48, 81
Landwirtschaft 80
Langzeiturlaub 2 f., 6, 30, 49, 66, 83 f.
Lebensarbeitszeitverkürzung 6, 32, 84 f.
Lebensarbeitszeitverlängerung 3, 30, 49, 75
Lebensteilzeitarbeit 3 f., 8, 30 f., 38, 42, 75
Lehrer 6, 21, 42, 54
Leiharbeit 56
Lernfähigkeit 20 f., 27, 30 f.
Lohnausgleich 13, 16, 32, 42, 48 f., 55 f.
Lohnfortzahlung 43, 45, 54
Lohnkosten 15, 85
Lohnreduktion 4, 8 f., 24 ff., 98 f.
Loyalitätskonflikt 34, 51 f., 56 f.

Mannesmann-Kunststofftechnik 13 f., 33
Mannesmann-Röhrenwerke 6, 20
Marplan 32
Massenmedienkonsum 27
Mehrarbeit 13, 16 ff., 47, 51, 85
Mehrstellenarbeit 86
Merck 6, 20, 103
Metallindustrie 11 ff., 14, 34, 56, 78 ff., 85, 90 f., 96 ff., 107 f.
Midlife-Crisis 30
Mindestanwesenheitspflicht 38
Mindestanwesenheitszeit 7 ff., 38, 82 f.
Mindestarbeitszeit 86
Mindestbesetzung 38
Mitarbeiterinteressen 6 f., 11 f., 22, 32, 34, 44, 48 ff., 57, 67, 69, 79
Mitbestimmung 19, 33, 44 f., 51 f., 57, 70
Monatsgleitzeit 86
Monatsteilzeitarbeit 3 ff., 8, 41, 43, 46
Morgenmuffel 29
Mutterschutz 92

Nachbarschaftshilfe 37
Nachtschicht 8 f., 23 f., 46 f., 87
Neunmonatsarbeit 3, 5
nichtkontinuierliche Schichtarbeit 87

Niederlande 47, 67
Nixdorf Computer AG 6, 38, 84
Nixdorf-Freizeit-Modell 38, 88
Norwegen 67
Notbremse 37

Öffnungsklausel 3, 80, 105
Österreich 67
Organisationsgrad 33 f.
organisatorische Effizienz 17 f.
organisatorische Veränderung 51
Otto-Versand Hamburg 9, 81

Papierindustrie 12, 96
Partner-Teilzeitarbeit 3, 5 f., 8 f., 27, 31 f., 37 f., 41 f., 50 ff., 81 f.
Pausen 13 f., 88, 90
Pausendurchlauf 88
Pausenwochen 5
Pebra 43
Pegulan-Werke 38, 42, 75
Pensionierung 16, 30
Pensionsurlaub 3, 6, 84
Personalbeschaffung 16
Personaleinsatz 16, 28 ff.
personelles Gleichgewicht 1, 6 f., 35
Pfaff AG 41 f.
Piéroth-Weinkellereien 4, 75
politisch-rechtliche Restriktionen 43 ff.
Polygram Record Service GmbH 5, 106

Rafi GmbH & Co 8, 16, 41, 43, 109
Rank Xerox GmbH 6, 8, 39, 84, 88 f.
Rank-Xerox-Sozialdienstmodell 88 f.
Rechtsanwälte 41
Reemtsma AG 5
Re-entrainment 89
Referenzprinzip 89
Regelarbeitszeit 2 ff., 96 f.
regelmäßige wöchentliche Arbeitszeit 2 ff., 96 ff.
Rentenversicherung 18, 21, 24, 45 f., 53 ff., 74
Restriktionen 13, 31, 40 ff., 57 f., 68
Reutlinger Vergleich 73 f.
Richter 6
Rollenkonflikt 34 f., 56 f.
Rolm Corporation 6, 84
Rückkehrgarantie 38
Rückwärtswechsel 89
Ruhepausen 13 f., 88, 90

Sabbatical 2 f., 6, 30, 49, 83 f.
Saisonarbeit 4, 90
Samstagsarbeit 3, 5, 20, 31, 39, 44, 46, 50, 90 f.
Sandoz AG 9, 81

Stichwortverzeichnis

Santa-Clara-Bandbreitenmodell 3, 98
Schattenwirtschaft 55
Schichtarbeit 2, 9f., 23f., 41, 65f., 91f.
Schichtarbeit gewerblicher Frauen 92
Schichtarbeit Jugendlicher 92
Schichtarbeit werdender und stillender Mütter 92
Schichtdauer 9, 92f.
Schichtfolge 10, 93
Schichtintervall 93
Schichtlänge 9, 92f.
Schichtperiode 10, 94
Schichtsystem 93f.
Schichtwechsel 10, 93
Schichtwechselperiodik 10, 94
Schichtwechselzeiten 24, 94f.
Schichtzyklus 10, 95
Schichtzyklusdauer 10, 95
Schlaftypen 29
Schlichtung 12f., 33, 44
Scholze 43
Schwarz 43
Schweden 47, 67, 75
Schweiz 41
Schwerbehinderte 43, 45
Sechsstundentag 3
Sechstagewoche 2
Siemens AG 4, 6, 18, 20, 41, 44
Sonderurlaub 2f., 6, 9, 28, 30, 37ff., 49, 83f.
Sonntagsarbeit 3, 5, 46
Sozialauswahl 52
Sozialversicherung(sschutz) 18, 21, 24, 45f., 53ff., 58
Sozialversicherungspflichtgrenze 13, 18, 43f., 53f., 56
Sparkassenmodell 46, 54, 80, 95
Sperrzeit 7ff., 38, 82f.
Spill-over-Effekt 27, 96
staatliche Zuschüsse 40, 84
starre Arbeitszeit 7, 37, 67
Stellvertretung 8, 16, 37f.
Steuerprogression 24f., 98f.
Stundenkonto 37f.
Stundentausch 65, 97
Süßwarenindustrie 6
Swingtime 96
Swiss-Air 41

Tagesarbeitszeitverlängerung 2, 4f., 8, 47
Tagesgleitzeit 2, 96
Tagesteilzeitarbeit 3ff., 43
tarifliche Wochenarbeitszeit 2ff., 96f.
Tariffrente 84
Tarifvereinbarungen 11ff., 31, 33, 50, 56f., 69f., 78ff., 85, 90f.
Tauschbörse 2, 10, 37f., 49, 97

Tauschsysteme 2, 10, 37f., 49, 97
technischer Pausendurchlauf 88
technischer Fortschritt 55
Teilbarkeit von Arbeitsplätzen 40ff.
Teildienst 27, 98
teilkontinuierliche Schichtarbeit 72
Teilschicht 3f., 104
Teilschichtdienst 27, 98
Teilzeit à la carte 3, 98
Teilzeitarbeit 3ff., 9, 15, 17ff., 21, 40ff., 48ff., 52ff., 98ff.
Teilzeitarbeit nach der Lehre 3, 5f., 20, 31f., 103
Teilzeitarbeit und Arbeitslosenversicherung 100
Teilzeitarbeit und Krankenversicherung 100f.
Teilzeitarbeit und Rentenformel 101f.
Teilzeitarbeit und Rentenversicherung 102
Teilzeitarbeit von Beamten 103
Teilzeitarbeit von Berufsanfängern 3, 5f., 20, 31f., 103
Teilzeitinteressenten 48, 50
Teilzeitquote 48f., 55, 103f.
Teilzeitschicht 3f., 104
Teilzeitsuchende 48, 50
Telearbeit 3, 8, 32, 41, 43, 50f., 73, 104f.
Tempoarbeit 26f.
Time budget studies 91

Übergabebücher 37f.
Überstunden 13, 16ff., 47, 51
Unfallhäufigkeit 29f.
Unterbrechungsjahr 83f.
Urlaubsgeld 45

variable Arbeitszeit 105
variable Jahresarbeitszeit 3, 105
Verantwortung 36, 57, 65
vereinbarte Jahresarbeitszeit 2ff., 12, 27, 47, 79f.
Vereinigte Staaten 9, 17f., 23, 27, 72, 98, 104
Verfügungszeit 105
vermögenswirksame Leistungen 45
versetzte Arbeitszeit 9f., 75
Versicherungen 17f., 23
Versicherungspflichtgrenze bei Teilzeitarbeit 13, 74
Verspätung 17f.
Versorgungsbetriebe 17f., 23
Vertragsarbeitszeit 11f., 78f.
Vertretung 8, 16, 37f., 51, 66, 81
Verwaltungsaufwand 17
Viertagewoche 2f., 5, 8
Volkswagenwerk 3, 39, 80, 105
Vormittagsbeschäftigung 43

Vorruhestand 42, 84, 106
Vorwerk 81

Wegezeiten 42f., 104f.
Weiterbildung 17, 22, 36, 83
Willy Bogner 12, 28, 80
Wochenarbeitszeit 106
Wochenarbeitszeitverlängerung 8, 49
Wochenendarbeit 3, 5, 39, 46, 106f.
Wochengleitzeit 2, 107
Wochenteilzeitarbeit 3ff., 41, 43

Zeitarbeit 13
Zeitausgleich 3f., 8, 47, 107ff.
zeitautonome Arbeitsgruppen 3, 9, 58, 109
Zeitbank 2, 66
Zeitfaktor 101

Zeiterfassung 19, 109f.
Zeiterfassungsgeräte 14, 109f.
Zeitguthaben 8, 109f.
Zeitkonto 37f., 76
Zeitkredit 8, 38, 109f.
zeitliche Flexibilisierung 2ff., 67
Zeitreserve 2f., 79f.
Zeitschulden 109f.
Zeitsouveränität 111
Zigarettenindustrie 4f.
Zugangskontrolle 109
Zusatzurlaub 3, 6, 9, 28, 37ff., 87
Zweimonatsausgleich 11, 78f., 81, 107f.
Zweitagewoche 8
Zweitverdiener 22, 24f., 42, 52
Zwölfstundenschichten 5